CONOCE A JESÚS

HOMBRE Y DIOS

Segunda Edición

CONOCE A JESÚS

HOMBRE Y DIOS

Segunda Edición con Guía de Estudio

ROGER YENKINS

Conoce a Jesús: Hombre y Dios

Volviendo a una fe ciento por ciento Cristocéntrica

Segunda Edición con Guía de Estudio

Edición: Ayelén Horwitz (1era ed.); Roger Yenkins (2da ed.)
Corrección: Alejandro Romero (1era ed.); Adam Biro (2da ed.)
Diseño: Roger Yenkins

ISBN: 978-152-112-578-6 (Paperback)

Contacto con el Autor:

www.rogeryenkins.com
info@rogeryenkins.com
Twitter: @rogeryenkins

A mi Señor y Salvador, Jesucristo.
Mi mayor deseo es conocerte y experimentar tu presencia más y más.

DEDICACIÓN

A mi esposa y compañera de vida, Meghan. Gracias por tu apoyo incondicional, cariño y amistad. Te amo *Sweetie*. ¡Como Josué puedo decir: "Yo y mi casa serviremos al Señor"!

A mis preciosos hijos, Zoe y Liam. Ustedes son la alegría de mi corazón y el gozo de mi alma. ¡Cómo disfruto cada momento junto a ustedes! Me emociona verlos crecer y conocer a Jesús cada día más. Los amo mi *Zoecita* y *Liamcito.*

A mis padres, Nelly y Rolando. No tengo palabras para agradecer a Dios por ustedes. Ustedes son el modelo de vida y fe que siempre elegí seguir. *Pa y Ma*, ¡los amo!

Al Dr. Adam Biro y familia, por todo su apoyo y asistencia para que esta obra vea la luz. Muchas gracias. ¡Estamos orgullosos de llamarles amigos!

A todos los pastores, maestros y profesores de Seminario que tanto en Argentina, como en Guatemala, Paraguay y Canadá me han enseñado tanto y bendecido mi vida. Esta obra es para ustedes también.

A ti querido lector… gracias por tomar la decisión de conocer a Jesús a través de las páginas de este libro.

CONTENIDO

PRÓLOGO
POR CARLOS MRAIDA

El apóstol Pablo le escribe a Timoteo una exhortación muy extraña: "No dejes de recordar a Jesucristo" (2 Timoteo 2.8, NVI). ¿Acaso un siervo de Dios como Timoteo podría olvidarse de Jesucristo? Recordemos que Timoteo era su delegado apostólico y alguien a quien Pablo consideraba su hijo espiritual y ministerial, alguien que representaba fielmente su enseñanza y forma de proceder en la obra: "Con este propósito les envié a Timoteo, mi amado y fiel hijo en el Señor. Él les recordará mi manera de comportarme en Cristo Jesús, como enseño por todas partes y en todas las iglesias" (1 Corintios 4.17, NVI). A alguien que cumplía una tarea apostólica, a su hijo amado y fiel, a quien representaba y repetía la enseñanza paulina, ¿era necesario exhortarlo diciéndole: "No dejes de recordar a Jesucristo"? Como mínimo parece muy rara la observación de Pablo.

Seguramente, Timoteo no se habría olvidado de Jesucristo en su vida personal. Sin embargo, en su tarea, el joven siervo de Dios corría el peligro de verse envuelto en modas ministeriales y teológicas que desviaran su predicación y sacaran a Jesucristo del centro y del lugar prioritario. Ya en la primera epístola, Pablo le había instruido: "Timoteo, ¡cuida bien lo que se te ha confiado! Evita las discusiones profanas e inútiles, y los argumentos de la falsa ciencia" (1 Timoteo 6.20,

NVI). En la segunda carta, le indica: "Evita las palabrerías profanas, porque los que se dan a ellas se alejan cada vez más de la vida piadosa" (2 Timoteo 2.16, NVI).

La amonestación paulina es dirigida a Timoteo en el contexto en el cual él tiene que encarar la tarea de multiplicarse en otros pastores: "Lo que me has oído decir en presencia de muchos testigos, encomiéndalo a creyentes dignos de confianza, que a su vez estén capacitados para enseñar a otros" (2 Timoteo 2.2, NVI). Le indica a esa nueva generación de líderes y maestros lo siguiente: "No dejes de recordarles esto. Adviérteles delante de Dios que eviten las discusiones inútiles, pues no sirven nada más que para destruir a los oyentes" (2 Timoteo 2.14, NVI). Por lo tanto, la exhortación hecha por el apóstol a Timoteo era absolutamente pertinente. Si Pablo tuviera que escribir a nuestra generación de pastores y líderes, ¿sería necesaria la misma amonestación?

Quizás, para responder a la pregunta sería bueno recordar que la exhortación: "No dejes de recordar a Jesucristo", no sólo va dirigida a Timoteo sino a las nuevas generaciones de maestros de la Palabra y, por ende, a nosotros también. Aquellos hombres fieles, idóneos para enseñar a otros, a quienes Timoteo tenía que encargarles el ministerio, corrían el serio peligro de verse también ellos envueltos en un ministerio que no fuera Cristocéntrico.

Nosotros también necesitamos tomar en serio la advertencia. Porque el riesgo de que lo secundario ocupe el lugar central, y que lo prioritario sea olvidado o dado por sentado, está absolutamente latente en este tiempo. Al analizar lo que se enseña en América Latina, uno ve que se predica de "muchos temas, pero poco de la persona de Jesucristo". El

Antiguo Testamento es usado más que los Evangelios, y en muchísimas ocasiones ni siquiera se predica del Antiguo Testamento a la luz del Nuevo, como una sana hermenéutica exige. Uno nota que aun cuando se predica de un texto de los evangelios, Cristo no siempre ocupa el lugar central. Se predica, por ejemplo, sobre la mujer que tocó el manto de Jesús, pero el centro es la mujer y su fe, y no Jesús quien la sana. Lo que uno percibe en muchos de los líderes actuales son dos temas: por un lado los encontramos atados a las modas teológicas de turno y por otro, tratan de ser originales en sus predicaciones. El resultado, es un olvido lamentable de Jesucristo y su obra.

Por eso creo que es tan pertinente y relevante este libro de Roger Yenkins. Si hay algo que nuestras iglesias necesitan, tanto los pastores, los líderes y el propio pueblo de Dios, es recibir, aprender y volver una y otra vez a una cristología sana. El centro, la esencia y el poder de nuestra fe radican únicamente en la persona de Jesucristo. Y cuando nos olvidamos de él, relegando su persona y mensaje a un segundo plano, en pro de modas teológicas, de novedades ministeriales, de ondas comunicacionales, o de enseñanzas de valor secundario a la fe, perdemos la esencia, perdemos el poder y nos descentramos de la Palabra de Dios.

Por eso doy la bienvenida a este libro que no sólo tiene un contenido teórico indispensable, sino que está orientado a dar solidez al crecimiento de todo creyente. Seguramente, al recibir este material, el lector experimentará una nueva certeza de su fe, una consolidación de sus vivencias espirituales y un amor y devoción renovados por Jesucristo. Y si mantenemos en el centro de la vida y del ministerio al Señor Jesús, no hará falta que nosotros también recibamos la amonestación: "No dejes de recordar a Jesucristo".

Pastor Carlos Mraida
Iglesia del Centro
Buenos Aires, Argentina

INTRODUCCIÓN A LA OBRA

HOY EN DÍA, PARADÓJICAMENTE, EN MUCHOS SERMONES NI Jesucristo ni su obra son nombrados. Lo que es más, quizás la doctrina de Cristo sea uno de los temas que menos se enseña y predica en el cristianismo. Esto se debe, sin dudas, al gran afluente de corrientes y movimientos doctrinales que colocan como principal foco de atención el bienestar temporal del ser humano, y dejan a un lado aspectos espirituales de suma importancia como el arrepentimiento, la conversión y el nuevo nacimiento, por citar solo algunos. En este contexto, las "cosas" eternas son observadas como imprácticas y abstractas, por lo cual, para muchos, no revisten importancia. Cada domingo, se predican millones de sermones que abarcan un gran abanico de temas que buscan mejorar la condición inmediata de la vida de los oyentes, motivándolos a un desarrollo personal, que es congruente con el pensamiento hedonista predominante y característico de la sociedad posmoderna. Si bien no es incorrecto ni condenable buscar una mejoría de vida, ya que la vida que Jesucristo vino a traer es abundante, sí se nota, en general, un recurrente y acentuado desapego de la figura de Cristo.

Por más buenos y agradables que sean los populares tópicos de predicación de la actualidad, no valen la pena si el precio a pagar es dejar a Jesucristo y a su evangelio a un lado. Como decía Charles H. Spurgeon al referirse a la importancia de la enseñanza acerca de Cristo en el estudio de las Escrituras y en la exposición bíblica: "Si el evangelio no es el Señor llevando nuestros pecados por nosotros, no tengo ningún evangelio que predicar".

¿Pero por qué resulta tan fundamental la doctrina o enseñanza acerca de Jesucristo? El conocimiento bíblico de Cristo es importante para el ministro y pastor, pero también, vital para cualquier creyente para perseverar en la fe y crecer en la relación con Dios. El apóstol Juan señaló al respecto:

> Todo el que se desvía de esta enseñanza no tiene ninguna relación con Dios; pero el que permanece en la enseñanza de Cristo tiene una relación tanto con el Padre como con el Hijo. Si a sus reuniones llegara alguien que no enseña la verdad acerca de Cristo, no lo inviten a su casa ni le den ninguna clase de apoyo. Cualquiera que apoye a ese tipo de gente se hace cómplice de sus malas acciones.
>
> 2 JUAN 1.9-11 (NTV)

Así, he emprendido la tarea de desarrollar este libro con la convicción de que es vital conocer al Señor desde las Escrituras. Este texto busca exponer la enseñanza de Cristo de una manera bíblica y fácil de comprender y ser una fuente de referencia y estudio personal al alcance de todo creyente ávido por conocer más al Señor Jesucristo. No se trata de un manual exhaustivo de Cristología, sino más bien del bosquejo y el marco bíblico sobre el que recae la enseñanza de Cristo.

Para esto, querido lector, te propongo el siguiente recorrido: pasar por una breve introducción a la Cristología; analizar los nombres y títulos del Señor y estudiar la divinidad y la humanidad de Jesucristo y los sucesos trascendentales de su obra redentora: su muerte, resurrección, ascensión y exaltación.

El Espíritu Santo será tu guía, la Palabra de Dios tu lámpara y el mismo Señor Jesucristo tu acompañante. Escucha su voz revelándote más de su Persona y disfruta el viaje que estás a punto de iniciar para conocer más profunda y personalmente a Aquel que te ha conocido desde el principio.

CAPÍTULO 1

INTRODUCCIÓN A LA CRISTOLOGÍA

Pero éstas [señales milagrosas] se han escrito para que ustedes crean que Jesús es el Cristo, el Hijo de Dios, y para que al creer en su nombre tengan vida.

JUAN 20.31 (NVI)

CRISTOLOGÍA, ¿QUÉ ES Y DE QUÉ SE TRATA?

SE ENTIENDE COMÚNMENTE POR "CRISTOLOGÍA" AL ESTUDIO de la vida de Jesucristo, especialmente su humanidad y divinidad. También podría ser definida como el estudio de la doctrina de Jesucristo, entendiendo el término "doctrina" (del gr. διδασκαλία transl. *didaskalía* y διδαχή transl. *didachē)* como la enseñanza o instrucción de la verdad fundamental de la Biblia en un orden sistemático.

Así, podemos decir que la Cristología se dedica a comprender cómo Jesús puede ser divino y humano al mismo tiempo y cuál es la importancia de su encarnación, vida, ministerio, muerte, resurrección, ascensión y segúnda venida.

David R. Nichols, erudito asociado a las Asambleas de Dios, destaca la importancia de la Cristología de la siguiente manera:

> El Señor Jesucristo es la figura central de toda la realidad cristiana; por lo tanto, las verdades acerca de él son fundamentales para el cristianismo. Cualquier tipo de teología que desarraigue a Cristo y coloque en el centro al hombre no puede revelarnos la plenitud de lo que enseña la Biblia. Jesús es el cumplimiento de muchas profecías del Antiguo Testamento y también es el autor de la enseñanza del Nuevo. Los cristianos lo entienden como el Cordero inmolado desde la fundación del mundo, así como también como el Rey que viene.[1]

En su libro Teología Sistemática, el teólogo reformado Louis Berkhof, señala las siguientes características de esta rama de la Teología:

> La Cristología [...] nos relaciona con el trabajo objetivo de Dios en Cristo para cerrar la brecha y suprimir la distancia entre Dios y el hombre. Nos presenta a Dios acercándose al hombre, quitando las barreras que separan a Dios y al hombre mediante el cumplimiento de las condiciones de la Ley en Cristo y restaurando al hombre a su bendita comunión.[2]

En el campo de la Teología y, especialmente, en la Historia del Pensamiento Cristiano, no existe un tema más controversial que este. A lo largo de la historia de la Iglesia, las diferentes

---

[1] Stanley Horton, *Systematic Theology: Revised Edition* (Logion Press, 2007), 636. [Edición Apple Books].

[2] Louis Berkhof, *Systematic Theology* (Eerdmans Publishing Co – A), 252. [Edición Kindle].

ideas con respecto a este tema han afectado la unidad del Pueblo de Dios.

Desde el inicio de la Reforma Protestante en el siglo XVI hubo denominaciones enteras que se fragmentaron debido a diferencias de opiniones y perspectivas en torno a la figura de Jesucristo. Muchas sectas y herejías se han levantado a lo largo de los siglos, impulsadas por interpretaciones malsanas y erróneas acerca de la Cristología.

Por esto mismo, es importante reconocer el desarrollo histórico de la Cristología y las innumerables desigualdades y controversias que se erigieron en torno a ella, ya que estas forman una parte sustancial del dogma y de la fe cristiana.

¿POR QUÉ ES NECESARIO ESTUDIAR LA VIDA DE JESUCRISTO?

Veamos primero lo que nos dicen las Escrituras:

> Pero éstas [señales milagrosas] se han escrito para que ustedes crean que Jesús es el Cristo, el Hijo de Dios, y para que al creer en su nombre tengan vida.
>
> JUAN 20.31 (NVI)

> Y él mismo constituyó a unos, apóstoles; a otros, profetas; a otros, evangelistas; a otros, pastores y maestros, a fin de perfeccionar a los santos para la obra del ministerio, para la edificación del cuerpo de Cristo, hasta que todos lleguemos a la unidad de la fe y del conocimiento del Hijo de Dios, a un varón perfecto, a la medida de la estatura de la plenitud de Cristo; para que ya no seamos niños fluctuantes, llevados por doquiera de

> todo viento de doctrina, por estratagema de hombres que para engañar emplean con astucia las artimañas del error, sino que siguiendo la verdad en amor, crezcamos en todo en aquel que es la cabeza, esto es, Cristo, de quien todo el cuerpo, bien concertado y unido entre sí por todas las coyunturas que se ayudan mutuamente, según la actividad propia de cada miembro, recibe su crecimiento para ir edificándose en amor.
>
> EFESIOS 4.11-16

Estos pasajes expresan claramente por qué es necesario el estudio de la vida de Jesucristo. El conocimiento bíblico y doctrinal de esta ayudan al creyente a comprender el fundamento de su fe, que se encuentra única y exclusivamente en Cristo Jesús. El capítulo 6 del libro de Hebreos, versículos 1 y 2, presenta a la Cristología como el fundamento esencial sobre el cual descansan el resto de las doctrinas cristianas:

> Por tanto, dejando ya los rudimentos de la doctrina de Cristo, vamos adelante a la perfección; no echando otra vez el fundamento del arrepentimiento de obras muertas, de la fe en Dios, de la doctrina de bautismos, de la imposición de manos, de la resurrección de los muertos y del juicio eterno.
>
> HEBREOS 6.1-2

Notemos que el escritor a los hebreos llama "rudimento" (del gr. ἀρχή transl. *archē)* a la doctrina de Cristo. Esta palabra tiene por significado etimológico: iniciación, jefe o principal, dominio, poder, primero, primeramente, principio, punta. Aunque el texto pareciera instar a los lectores a dejar las doctrinas allí citadas ("por tanto, dejando ya…"), el escritor a los Hebreos no está desmereciendo la importancia del conocimiento de la doctrina de Cristo como tampoco desmedrando la relevancia de los fundamentos de fe que ha expuesto, al contrario, ratifica su posición elemental exhortando a los receptores de su carta a que vuelvan a considerar, retener y persistir en estas doctrinas. Para clarificar, veamos otra traducción:

> Así que dejemos de repasar una y otra vez las enseñanzas elementales acerca de Cristo. Por el contrario, sigamos adelante hasta llegar a ser maduros en nuestro entendimiento. No puede ser que tengamos que comenzar de nuevo con los importantes cimientos acerca del arrepentimiento de las malas acciones y de tener fe en Dios. Ustedes tampoco necesitan más enseñanza acerca de los bautismos, la imposición de manos, la resurrección de los muertos y el juicio eterno.
>
> HEBREOS 6.1-2 (NTV)

Las personas a las cuales el autor de Hebreos dirigía esta carta se habían hecho "tardos para oír" (Hebreos 5.11), lo que denota su torpeza espiritual a la hora de aprehender las verdades doctrinales que se les habían transmitido. De esta forma, el carácter primordial de la Cristología en el conjunto de doctrinas bíblicas es visible no solo en este pasaje, sino también en muchas otras referencias del Nuevo Testamento.

Tomando la cita de Hebreos 6.1–2 podemos observar la relación existente entre la Cristología y el resto de las doctrinas de fe de la siguiente manera:

1. Doctrina de Cristo (Cristología)
2. Arrepentimiento de obras muertas
3. Fe en Dios
4. Doctrina de bautismos
5. Imposición de manos
6. Resurrección
7. Juicio eterno

OTRAS RAZONES PARA EL ESTUDIO DE LA DOCTRINA DE JESUCRISTO

El conocimiento bíblico de Jesucristo es la única manera de conocer a Dios. Las Escrituras declaran que no hay otra manera de conocer a Dios que no sea por medio de Jesucristo:

> —¿Dónde está tu padre? —le preguntaron.
> Jesús contestó:
> —Como ustedes no saben quién soy yo, tampoco saben quién es mi Padre. Si me conocieran a mí, también conocerían a mi Padre.
>
> JUAN 8.19 (NTV)

El conocimiento bíblico de Jesucristo nutre la fe de los creyentes ante las adversidades de la vida. Por medio del estudio de la Cristología la fe de los creyentes se fortalece ante las pruebas y los problemas que les toca enfrentar. Dicho estudio debe efectuarse tanto en el orden privado (por medio de devocionales, estudios familiares, etc.) como en el público (por medio de grupos de discipulado, estudio bíblico, cursos especializados, seminarios teológicos, etc.).

En Lucas 6.47-49, Jesucristo ilustra por medio de una parábola la fortaleza espiritual del creyente que viene a él, oye sus palabras y las hace. Jesús compara a este tipo de creyente con quien edifica su casa sobre la Roca. El Señor Jesucristo señala que solo él es el fundamento seguro, la Roca sólida[3] sobre la cual los creyentes deben edificar su vida.

El conocimiento bíblico de Jesucristo nos da a conocer la historia del Universo y nuestra relación con el Creador. Para conocer a Jesucristo debemos dar una mirada al conjunto completo de las Escrituras, ya que él es el tema central de la Biblia, de principio a fin. Las primeras palabras de las Escrituras en Génesis 1.1 señalan lo siguiente: "En el principio creó Dios los cielos y la tierra". Este versículo declara positivamente, sin margen de dudas, que Dios fue el Creador de todo, de los cielos y de la tierra. Es decir, para la cosmovisión occidental, del Universo. Muchos han pensado que la referencia a Dios en este versículo hace alusión pura y exclusivamente a Dios Padre. Sin embargo, al analizar el texto bajo la perspectiva de la Doctrina de la Trinidad y al estudiar las Escrituras en su idioma original hebreo, vemos que la palabra "Dios", refiere a la Santísima Trinidad (Dios Padre, Dios Hijo y Dios Espíritu Santo).

En el original en hebreo Génesis 1.1 presenta la siguiente forma:

בראשית ברא אלהים את השמים ואת הארץ׃

Transl. *re'shiyth 'elohiym bara' 'eth shamayim 'eth 'erets*

GÉNESIS 1.1 (HEBREW OLD TESTAMENT - TANAKH)

---

[3] Comp. 2 Samuel 22.2, 32, 47; Salmos 18.2, 31, 46; 19.14; 28.1; 31.2-3; 62.7; 71.3; 73.26; 94.22; 1 Corintios 10.4.

El vocablo "Dios" en hebreo es אלהים (transl. *'ĕlôhîym)*, y este significa de acuerdo al Diccionario Strong:

> Plural del término *eloha*, que significa dios o deidad. Dioses, en el sentido ordinario. Dios supremo, magistrados, ángeles, dioses, extremo, grande, juez, poderoso, rey. La terminación "él" significa fortaleza, poderoso, todopoderoso, deidad, dios fuerte.[4]

Luego de analizar la etimología de la palabra, el contexto inmediato y remoto del texto y las abundantes referencias bíblicas al respecto, podemos observar a la Santísima Trinidad presente y activa en la creación misma del universo:

> Él es la imagen del Dios invisible, el primogénito de toda creación. Porque en él fueron creadas todas las cosas, las que hay en los cielos y las que hay en la tierra, visibles e invisibles; sean tronos, sean dominios, sean principados, sean potestades; todo fue creado por medio de él y para él. Y él es antes de todas las cosas, y todas las cosas en él subsisten; y él es la cabeza del cuerpo que es la iglesia, él que es el principio, el primogénito de entre los muertos, para que en todo tenga la preeminencia; por cuanto agradó al Padre que en él habitase toda plenitud, y por medio de él reconciliar consigo todas las cosas, así las que están en la tierra como las que están en los cielos, haciendo la paz mediante la sangre de su cruz.
>
> COLOSENSES 1.15-20

---

[4] James Strong, *Strong's Hebrew and Greek Dictionaries: Dictionaries of Hebrew and Greek Words taken from Strong's Exhaustive Concordance by James Strong, S.T.D., LL.D., 1890.* [Módulo e-Sword].

Las últimas palabras registradas en las Escrituras también hablan directamente de Jesucristo. En Apocalipsis 22.20-21 se halla la promesa de la segunda venida de Jesucristo a esta tierra; esta es la esperanza gloriosa de cada creyente. El Señor Jesús ya vino a este mundo como siervo sufriente, su vuelta será como rey glorioso.

> El que da testimonio de estas cosas, dice: «Sí, vengo pronto.» Amén. ¡Ven, Señor Jesús!
>
> APOCALIPSIS 22.20 (NVI)

El Reino de Paz y la perfecta comunión entre Dios y el ser humano serán restauradas en un reino de gloria en el final de los tiempos. Ciertamente, Jesucristo es el alfa y la omega, el principio y el fin, el primero y el último.[5]

EL CORDÓN DE GRANA

Como hemos visto, Jesús es el tema central de las Escrituras; a lo largo de la Biblia se puede observar cómo cada suceso o narración histórica, profética o poética conlleva una referencia directa o indirecta a él. Los teólogos han denominado a esta relación concadenada "el cordón de grana" o el "lazo rojo".[6] Este concepto tiene su origen en los escritos de los Padres de la Iglesia[7] (siglos II a VIII).

---

[5] Ver Apocalipsis 22.13.

[6] Del inglés *Scarlet Rope*, *Scarlet Thread* o *Scarlet Cord.*

[7] Los Padres de la Iglesia fueron un grupo de teólogos cristianos del siglo II al VIII que mediante sus escritos dieron forma a gran parte del aparato doctrinal de la Iglesia Cristiana. Dentro de este grupo se encuentran Atanasio, Ambrosio, Jerónimo, Agustín y Juan Crisóstomo.

La teoría del cordón de grana toma su nombre de la narración histórica de Josué 2, en donde Rahab y su familia reciben salvación por haber creído en Jehová y haber ayudado a los espías enviados a Jericó por Josué.

A lo largo de las Escrituras, el concepto del cordón de grana presenta rasgos de la obra de Jesucristo en la cruz, específicamente, su sangre redentora. Así, se hallan referencias a la sangre del Cordero de Dios en pasajes de Génesis, Éxodo y Levítico:

> **GÉNESIS 38.28-30:** La grana es utilizado para diferenciar al primogénito en el nacimiento de los hijos gemelos de Tamar.
>
> **ÉXODO 12:** El cordón de grana se halla en la sangre de los corderos con la cual son pintados los dinteles de las puertas de los hogares judíos durante la Pascua.
>
> **LEVÍTICO 14.4-6; 49-52:** La grana es utilizada para la purificación y restauración de los leprosos.

Además, como se mencionó con anterioridad, también:

> **JOSUÉ 2:** Como ya hemos mencionado, aquí se encuentra la referencia al cordón grana en la historia de Rahab y la salvación de su familia en la ciudad de Jericó.

San Ambrosio de Milán (parte de los llamados "Padres Latinos" y uno de los cuatro doctores originales de la Iglesia) señala lo siguiente:

> Ella (Rahab) levantó el signo de su fe y la bandera de la Pasión del Señor, para que la imagen de la Sangre mística, que iba a redimir el mundo, pueda estar en la memoria. Así, por fuera, el nombre de Josué (Jesús) fue una señal de victoria para los que lucharon en la batalla; y por dentro, la imagen de la Pasión del Señor fue un signo de salvación para quienes estaban en peligro.[8]

Sin lugar a dudas, Jesucristo es el centro de la Biblia y el centro de nuestra fe. Sin él no tendríamos acceso al Padre y sin su obra en la Cruz no tendríamos la vida abundante y eterna que por gracia nos ha sido dada.

El deseo de Dios es que en nuestras vidas se despierte un hambre profundo por conocer más a Jesús, por saber quién es él en verdad. Para ello, necesitamos con urgencia estudiar las Escrituras. Necesitamos comprender cabalmente la doctrina de Cristo a fin de que cimentados en ella podamos continuar edificando nuestra fe, no solo en el plano individual sino también como Iglesia.

Jesucristo es la roca sólida, el fundamento inamovible de nuestra fe. Él es la Piedra Angular sobre la cual podemos edificar nuestra vida espiritual. Mi anhelo, querido lector, es que en ti se despierte un fuerte deseo por estudiar y conocer así al Jesús que nos presentan las Escrituras. Al hacerlo, tu relación con él ya no será la misma.

---

[8] San Ambrosio de Milán, *Sobre la Fe Cristiana,* Libro V, no. 127. [En línea].

CAPÍTULO 2

JESUCRISTO, SUS NOMBRES Y TÍTULOS

En el campo de la antropología, la psicología y la sociología se sostiene que el nombre de una persona es parte sustancial del ser; el nombre reviste tal importancia que es considerado el primer elemento que conforma la identidad de una persona. De ahí que, al estudiar la humanidad y la divinidad de Jesucristo, sea trascendental analizar sus distintos nombres registrados en las Escrituras.

Es importante reconocer el hecho de que los nombres en los tiempos bíblicos y en la cultura del Cercano Oriente tenían una importancia muy grande, ya que los mismos denotaban el carácter, la función o el destino de la persona. Es decir, el nombre proveía una identidad individual, como así también, un lugar dentro de la sociedad.

En otros casos, los nombres hacían referencia a sucesos ocurridos en el nacimiento o en los primeros años de vida de la persona (por ejemplo, la historia de Esaú y Jacob[9]), como así también a características físicas o de personalidad.

---

[9] Esaú significa "velludo" haciendo referencia a su apariencia física y Jacob "el que toma por el calcañar o el suplantador", haciendo mención a lo acontecido en su nacimiento (Génesis 25.24-26).

LOS NOMBRES DE JESUCRISTO

JESÚS: EL NOMBRE PERSONAL DEL SEÑOR

Los Evangelios dan prueba fehaciente de que el nombre "Jesús",[10] fue revelado a María y a José por instrucción divina:

> Y dará a luz un hijo, y llamarás su nombre JESÚS, porque él salvará a su pueblo de sus pecados.
>
> MATEO 1.21

> Y ahora, concebirás en tu vientre, y darás a luz un hijo, y llamarás su nombre JESÚS.
>
> LUCAS 1.31

El significado etimológico del nombre "Jesús" está estrechamente ligado con el propósito esencial de la encarnación del Señor. "Jesús" (del gr. Ἰησοῦς transl. *Iesous)* significa literalmente "Salvador"[11] o "Jehová es Salvación".[12] Es un derivado del verbo hebreo "salvar" y una transliteración del nombre hebreo "Josué".[13] Como vemos, en él se plasma la misión salvadora del Mesías en favor de su Pueblo.

---

[10] Comparar con Mateo 1.22-23, donde Mateo incluye un paréntesis para explicar que el relato de la anunciación angelical del nacimiento de Jesús era el cumplimiento de Isaías 7.14, es decir, el nacimiento de un niño cuyo nombre sería "Emanuel", esto es, "Dios con nosotros".

[11] James Strong, *Strong's Hebrew and Greek Dictionaries. Dictionaries of Hebrew and Greek Words taken from Strong's Exhaustive Concordance by James Strong, S.T.D., LL.D., 1890.* [Módulo e-Sword].

[12] Joseph Thayer, *Thayer's Greek-English Lexicon of the New Testament: Coded with Strong's Concordance Numbers,* (Hendrickson Publishers, 1996). [Módulo e-Sword].

[13] Albert Barnes, *Barnes" Notes on the New Testament,* (Kregel Classics; 8va Edición, 1962). [Módulo e-Sword].

En el libro de los Hechos de los Apóstoles el nombre Jesús se halla frecuentemente.[14] Se usa "Señor Jesús" tanto en los relatos sobre la expansión y las vicisitudes de la Iglesia Primitiva, como así también en las palabras pronunciadas por Esteban,[15] Ananías[16] y Pablo.[17] Sin embargo, es Pedro, lleno del Espíritu Santo, quién proclama ante los gobernantes y los ancianos de Israel lo que implica el nombre de Jesús:

> Pues es Jesús a quien se refieren las Escrituras cuando dicen: "La piedra que ustedes, los constructores, rechazaron ahora se ha convertido en la piedra principal" [...] ¡En ningún otro hay salvación! Dios no ha dado ningún otro nombre bajo el cielo, mediante el cual podamos ser salvos.
>
> HECHOS 4.11-12

En sus epístolas, Santiago, Pedro, Juan y Judas (hombres que acompañaron al Señor en sus días por la tierra) se refieren casi exclusivamente al Señor como "Jesucristo"; unión del nombre Jesús y el título Cristo. Esto se debe a la progresión en su experiencia con él: primero lo conocieron como "Jesús" y, luego, con su resurrección, aprendieron que él era el Cristo, el ungido de Dios para salvar a su Pueblo.

Por otro lado, está la experiencia de Pablo, quien conoció al Señor cuando él estaba en su gloria celestial (Hechos 9.1-6). Esta fue una experiencia distinta a la de los otros apóstoles, por lo cual, en sus epístolas se halla frecuentemente el orden

---

[14] Ver Hechos 8.16; 19.5, 17.
[15] Ver Hechos 7.59.
[16] Ver Hechos 9.17.
[17] Ver Hechos 16.31.

inverso: "Cristo Jesús"[18] (primero el reconocimiento de que Jesús es el ungido de Dios para salvar a su Pueblo y luego su nombre).

YO SOY (YHWH): NOMBRE DE DIOS, NOMBRE DE CRISTO

Uno de los pasajes de la Torah más importantes para el pueblo de Israel es, sin lugar a dudas, la revelación que Dios hace de sí mismo a Moisés en el Monte Moriah en el milagro de la zarza ardiente:

> Y respondió Dios a Moisés: YO SOY EL QUE SOY. Y dijo: Así dirás a los hijos de Israel: YO SOY me envió a vosotros.
>
> ÉXODO 3.14

Las palabras "YO SOY EL QUE SOY" (del hebreo אֶהְיֶה אֲשֶׁר אֶהְיֶה transl. *eheyeh asher eheyeh)* han sido interpretadas de diferentes maneras. La Vulgata Latina traduce la frase como "Yo soy el que soy" (del latín *Ego sum qui sum)*, mientras que la Septuaginta lo traduce como "Yo soy aquel que existe" (del gr. ἐγώ εἰμί ὁ ὤν transl. *egó eimí ho eimí)*. Adam Clarke señala que es muy difícil colocarle un significado preciso a estas palabras, ya que las mismas parecen apuntar a la eternidad y a la autoexistencia de Dios.[19]

---

[18] W.E. Vine, *Diccionario Expositivo de Palabras del Nuevo y Antiguo Testamento de Vine* (Grupo Nelson Inc., 1998). [Módulo e-Sword].

[19] Adam Clarke, *Adam Clarke's Commentary on the Bible, Adam Clarke, LL.D., F.S.A.* [Módulo e-Sword].

En Éxodo 6.3 vemos a Dios dándole a conocer a Moisés otro aspecto de su nombre:

> Y aparecí a Abraham, a Isaac y a Jacob como Dios Omnipotente, más en mi nombre JEHOVÁ [YHWH] no me di a conocer a ellos.
>
> ÉXODO 6.3

El nombre sagrado de Dios, YHWH, es conocido comúnmente como el Tetragrámaton hebreo.

"Tetragrámaton" proviene del latín *tetragrammatos* y significa palabra compuesta por cuatro letras. Esta palabra conformada por cuatro consonantes en el texto masorético fue escrita como Yahweh al agregársele un conjunto de vocales pertenecientes a otro nombre de Dios en el Antiguo Testamento: *Adonai.* Esta combinación ha dado origen al nombre *Yahweh* o *Jehová* (en su forma latinizada), que en muchas de las nuevas versiones castellanas ha sido reemplazado, siguiendo la traducción de la versión griega de la Biblia (conocida como la Septuaginta o LXX), por la palabra SEÑOR con mayúsculas.

Hacia el siglo IV a.C. los judíos dejaron de pronunciar *Yahweh* y comenzaron a utilizar en su lugar la palabra hebrea *Adonai* que significa "El Señor". Esto hizo que la Septuaginta empleara la palabra griega *Kurios* o *Kyrios* ("El Señor") en lugar de *Yahweh.*

Es importante destacar que en Éxodo 3.14 no se menciona literalmente el nombre de Dios, YHWH. La respuesta de Dios al interrogante de Moisés brinda el significado y la interpretación de su nombre, pero no el nombre en sí mismo. De esta manera, Éxodo 3.14 presenta una referencia al carácter mientras que Éxodo 6.3 presenta una referencia a la nomenclatura. Ambos textos deben ser relacionados y observados en conjunto a fin de poder ser comprendidos correctamente.

YHWH (y su interpretación como el "Yo soy") tiene como raíz primaria la palabra hebrea "existir" (transl. *hayah)* y no la palabra castellana "ser" como lo traducen la mayoría de las biblias hispanas. Es decir, su significado primario es "yo existo". Según esta raíz, podemos decir que Dios no tiene principio ni creación ni fin ni terminación. Él existe desde la eternidad hasta la eternidad, nadie lo creó sino que él es el Creador de la creación material y espiritual. Él es. Y en Jesucristo él creó todas las cosas:

> Porque en él fueron creadas todas las cosas, las que hay en los cielos y las que hay en la tierra, visibles e invisibles; sean tronos, sean dominios, sean principados, sean potestades; todo fue creado por medio de él y para él. Y él es antes de todas las cosas, y todas las cosas en él subsisten.
>
> COLOSENSES 1.16-17

Dios se reveló a Moisés como el YO SOY (Éxodo 3.14) y como JEHOVÁ (Éxodo 6.3), que significa "el auto-existente o eterno".[20] Esta misma expresión de Éxodo 3.14 fue tomada y utilizada por Jesucristo para referirse a sí mismo en pasajes como Juan 8.24, 28 y 58:

---

[20] James Strong, *Strong's Hebrew and Greek Dictionaries. Dictionaries of Hebrew and Greek Words taken from Strong's Exhaustive Concordance by James Strong, S.T.D., LL.D., 1890.* [Módulo e-Sword].

> Por eso os dije que moriréis en vuestros pecados; porque si no creéis que YO SOY, en vuestros pecados moriréis.
>
> JUAN 8.24

> Les dijo, pues, Jesús: Cuando hayáis levantado al Hijo del Hombre, entonces conoceréis que YO SOY, y que nada hago por mí mismo, sino que según me enseñó el Padre, así hablo.
>
> JUAN 8.28

> Jesús les dijo: De cierto, de cierto os digo: Antes que Abraham fuese, YO SOY.
>
> JUAN 8.58

La referencia YO SOY (del gr. ἐγώ εἰμί transl. *egó eimí)*, denota existencia, inmutabilidad, continuidad, el primero y el último.[21] De esta manera, la designación que Jesús hace de sí mismo como el YO SOY en los Evangelios (principalmente en el Evangelio de Juan) establece un paralelismo entre la revelación de su divinidad y la trascendencia de *Yahweh* en el Antiguo Testamento (Éxodo 3.14).

Egó Eimí es una expresión que denota una existencia continuada sin límite de tiempo. El hombre divide el tiempo en pasado, presente y futuro, pero *egó eimí* denota que Dios no mide su existencia bajo estos parámetros de tiempo. Esta expresión griega en forma presente significa entonces una existencia continuada e inmutable. Jesucristo asume esta expresión como su nombre: YO SOY.

---

[21] Ver Apocalipsis 1.11, 17; 2.8; 22.13.

Existe una similitud sorprendente entre la expresión empleada por Jesús y la usada en el libro de Éxodo que denota el nombre de Dios. La manera en la cual Jesús hace uso de esta expresión sugiere la aplicación del mismo lenguaje para su persona y para Dios. En cuanto al contexto de los textos mencionados en el Evangelio de Juan, el tema central de estos pasajes es la preexistencia de Jesucristo. El término YO SOY empleado por Jesús también era familiar a los judíos como una expresión de la existencia de Dios. Esta afirmación, en boca del Señor Jesucristo, también corresponde con la declaración de Juan 1.1. En el principio, antes de la existencia de Abraham, Isaac y Jacob, Jesucristo estaba con Dios y era Dios.[22]

DIOS: EL NOMBRE DIVINO DE JESUCRISTO

Tanto en el Antiguo como en el Nuevo Testamento, se prueba que Jesucristo es la segunda persona de la Santísima Trinidad, por lo cual, debe ser considerado, adorado y comprendido como Dios. Uno de los pasajes más importantes que hace referencia a esta verdad bíblica es Hebreos 1.8 en donde el Padre mismo llama a Jesucristo *Dios:*

> Más del Hijo dice: Tu trono, oh Dios, por el siglo del siglo; cetro de equidad es el cetro de tu reino.
>
> HEBREOS 1.8

El escritor a los Hebreos cita en este pasaje el Salmo 45, versículos 6 y 7, que los más inteligentes rabinos han siempre

---

[22] Albert Barnes, *Barnes" Notes on the New Testament* (Kregel Classics; 8va Edición, 1962). [Módulo e-Sword].

interpretado como una referencia clara y directa al Mesías. En este pasaje se señala que Jesucristo comparte el gobierno divino de la Creación ("trono") y que el mismo es por los siglos de los siglos (lo que es una referencia hacia su eternidad e inmutabilidad). Hebreos 1.8 es considerado una prueba fuerte e indubitable de la divinidad de Cristo, divinidad reconocida, bajo la concepción textual del pasaje presentado, por el Padre mismo.

Además de Dios Padre, cinco de sus apóstoles y seguidores llamaron a Jesucristo *Dios,* reconociendo este apelativo como nombre propio de la divinidad del Señor. Estos figuras de la Iglesia Primitiva fueron: Juan (Juan 1.1), Mateo (Mateo 1.22-23), Tomás (Juan 20.28), Pedro (2 Pedro 1.1) y Pablo (Romanos 9.5).

TÍTULOS DE JESUCRISTO

Además de los nombres de Jesucristo, las Escrituras presentan diversos títulos que se le dan al Señor en relación a sus atributos divinos y en función a su sublime obra redentora en favor de la humanidad.

Es imposible incluir en esta obra los más de doscientos títulos que la Biblia subscribe a Cristo Jesús. Por ello, he procedido a escoger aquellos títulos que, a mi entender, mejor representan su identidad y misión. Ahora bien, es importante que no confundamos los títulos del Señor Jesucristo con sus nombres personales dado que estos nos revelan diferentes aspectos de su ser y misión mientras que sus títulos nos demuestran diversas aristas de su obra.

Tradicionalmente se considera que los nombres del Señor son solo dos, "Jesús" y "Emanuel", pero, esto no hace justicia a la unión hipostática de sus dos naturalezas. Aún "Emanuel" no pareciera ser un nombre que la Iglesia Primitiva haya adoptado dado que el mismo no aparece en ninguna otra parte del Nuevo Testamento mas que en la interpretación que le otorga Mateo en su Evangelio.

Por ello, a los fines de reinvidicar la importancia de la naturaleza divina del Señor, el Nuevo Testamento asigna a Jesús dos nombres que en el texto veterotestamentario solo habían sido reservados para el Dios de Israel. Estos son: "YHWH" y su transliteración como el "Yo Soy", explicado en páginas anteriores, y "Dios", que encuentra conexión con diferentes hebraísmos de las Escrituras Hebreas.[23] Por todo ello sostenemos que los nombres personales de Jesucristo son tres:

- **JESÚS**: Referencia hacia su humanidad (el Hijo del Hombre)
- **YHWH (YO SOY):** Referencia hacia su identidad mesiánica (El Cristo o Mesías)
- **DIOS:** Referencia hacia su divinidad (el Hijo de Dios)

Nuevamente, conocer los títulos de Jesucristo registrados en las Escrituras es de suma importancia para los creyentes, porque estos nos muestran distintos aspectos de su obra y ministerio, como así también, diferentes facetas de sus atributos.

---

[23] Tradicionalmente, el judaísmo rabínico distingue siete nombres divinos que requieren especial atención. Estos son: *El, Elohim, Adonai, YHWH, Ehyeh-Asher-Ehyeh, Shaddai* y *Tzevaot.*

EL HIJO DEL HOMBRE

El libro de los Hechos de los Apóstoles registra que el mártir Esteban, durante su padecimiento, vio al Hijo del Hombre, Jesucristo, a la diestra del Trono de Dios (Hechos 7.56).

Esta es la primera de solo tres ocasiones en las Escrituras neotestamentarias en las cuales un ser humano llama a Jesucristo el Hijo del Hombre después de su ascensión.[24] En este suceso Esteban, lleno del Espíritu Santo, hablando no de su propia cuenta sino enteramente por el Espíritu, es guiado a repetir las idénticas palabras con las que Jesús había predicho su glorificación ante el concilio (Mateo 26.64).

Además de la referencia de Esteban y de los dos pasajes del libro de Apocalipsis,[25] en los cuales el apóstol Juan ve en visión al Señor como el Hijo del Hombre en gloria, los Evangelios muestran a Jesús identificándose como el Hijo del Hombre más de ochenta veces. Al hacer uso de este título Jesús demuestra claramente tener conocimiento de su identidad mesiánica. Él se veía a sí mismo como el Hijo del Hombre mesiánico de Daniel 7, que habría de reinar sobre todo el mundo por toda la eternidad (Daniel 7.13-14).

El título "Hijo del Hombre" implica el hecho que Jesucristo vino al mundo como Cabeza de la humanidad restaurada. Él es en verdad la simiente de la mujer que aplastaría la simiente de la serpiente, según el protoevangelio de Génesis 3.15. Por medio de este título Jesucristo se identifica con la humanidad que redimió al morir en la cruz y resucitar de la tumba.

---

[24] Robert Jamieson, A.R. Fausset y David Brown, *Comentario Exegético y Explicativo de la Biblia* (Casa Bautista de Publicaciones). [Módulo e-Sword].

[25] Ver Apocalipsis 1.13; 14.14.

Por otra parte "Hijo del Hombre" es el título que con más frecuencia registran los Evangelios para el Salvador, junto con el título "Señor". Jesucristo se refirió a sí mismo como el Hijo del Hombre también a los fines de dar a conocer su humillación y sufrimiento. Dicho título es utilizado como una referencia hacia la encarnación del Hijo de Dios, quién debía cubrirse de humanidad a fin de poder así llevar a cabo su obra de salvación. Asímismo, mientras que el título "Hijo de Dios" denota su conexión única con Dios Padre, el título "Hijo del Hombre" alude a su vínculo especial con la humanidad. Estos dos títulos representan la unión hipostática de las dos naturalezas de Jesucristo. De este modo los Evangelios, principalmente el Evangelio de Juan, demuestran la divinidad de Jesucristo en sus declaraciones y en sus señales, prodigios y milagros, pero también se observa su humanidad en sus sentimientos, padecimientos y, de igual modo, en sus discursos, siendo éste el título que Jesús emplea para hablar de sí mismo.

Finalmente, el "Hijo del Hombre" es también el "Hijo de David", el ocupante final del trono de Israel en el cumplimiento de los tiempos. Así, por medio del título "Hijo de David", Jesús se erige como el verdadero Rey de Israel, el Mesías prometido y el Ungido de Yahweh.[26] Como señala Pedro en su primer discurso luego de Pentecostés en Hechos 2, Jesucristo es el cumplimiento del pacto dado por Dios al rey David de que su reino no tendría fin.[27] Al ser del mismo linaje que David, el Señor Jesucristo tiene el derecho al trono de Israel. Él es el Mesías prometido que aun hoy Israel espera. La promesa de Dios con Israel se cumplirá. Cuando Jesucristo

---

[26] Ver Hechos 2.30; Mateo 9.27; 21.15; Lucas 18.38; Romanos 1.3.
[27] Ver 2 Samuel 7.16.

regrese a la tierra él tomará el reino de David y todo Israel será salvo.[28]

EL CRISTO = EL MESÍAS

Daremos especial atención a este título ya que es el más relevante entre los títulos asignados a Jesús en las Escrituras. El Nuevo Testamento ofrece la palabra más significativa dada a Jesús para connotar su posición como Mesías, el vocablo griego Χριστός transl. *Christos.*

Así lo señala el evangelista Mateo al narrar el episodio de la confesión de Pedro:[29]

> Respondiendo Simón Pedro, dijo: Tú eres el Cristo, el Hijo del Dios viviente.
>
> MATEO 16.16

Es interesante notar que en los Evangelios raramente vemos a Jesús aceptando o empleando el título "Cristo" para referirse a sí mismo y aún cuando esto ocurre, pareciera ser que lo interpreta de una manera muy personal. Una de estas afirmaciones se encuentra en Juan 4.25-26, pasaje que forma parte del diálogo que Jesús tuvo con la mujer samaritana:

---

[28] Ver Romanos 11.25-27.

[29] Es importante remarcar que Pedro no fue el único en los Evangelios en reconocer la divinidad de Jesús al llamarlo el *Cristo.* De igual modo Marta, en el marco de la muerte de su hermano Lázaro, verbaliza su fe en el poder de Jesús de resucitar a los muertos al confesarlo como el Cristo, el Hijo de Dios (Juan 11.21-27).

> Le dijo la mujer: Sé que ha de venir el Mesías, llamado el Cristo; cuando él venga nos declarará todas las cosas. Jesús le dijo: Yo soy, el que habla contigo.
>
> JUAN 4.25-26

El lenguaje que utilizó Jesús en esta oportunidad es muy revelador dado que en el Antiguo Testamento la expresión "Yo soy" era el término con el cual Yahweh se había identificado a sí mismo.[30] Ningún otro término bíblico es más categórico que éste para afirmar la divinidad del Señor Jesús. Pero a su vez el pasaje de Juan 4.1-42 no solo presenta una fuerte aseveración de la deidad de Jesucristo sino también de su humanidad. En él, Jesús se presenta como alguien que sintió cansancio físico, hambre y sed.[31] Él es divino y humano. Es profeta[32] y *rabbí* o *rabboni*, que significa *maestro distinguido.*[33] Pero por sobre todo él es el Mesías identificado con el "Yo soy" del Antiguo Testamento, el Redentor del mundo. En términos Juaninos,[34] Jesús es el ἐγώ εἰμί (transl. *egō eimí)* que se presentó a Moisés en Éxodo 3.14 y probablemente a Abram en Génesis 15.7.

Sobre la importancia del título "Cristo" en relación con su contraparte de las Escrituras Hebreas, "Mesías", y la centralidad de este concepto en lo que entendemos como el evangelio, George Ladd escribe lo siguiente:

---

30 Ver Génesis 15.7 (a Abram); Éxodo 3.14 (a Moisés); comp. Juan 8.58; Isaías 52.6 (que en la LXX recuerda a las palabras de Jesús en Juan 4.26).

31 Ver Juan 4.6-7.

32 Ver Juan 4.19.

33 Ver Juan 4.31; 20.16.

34 Ver Juan 4.26; 6.20, 35, 41, 48; 8.12, 24, 28, 58; 9.5, 9; 10.7, 9, 11, 14; 11.25; 13.19; 14.6; 15.1, 5; 18.5-8.

> El evangelio fue escrito, no para que los hombres pudieran creer en Jesucristo, sino para que pudieran creer que Jesús es el Cristo.[35]

Por su parte, el gran apologista cristiano del siglo XX, C.S. Lewis, al defender la deidad de Jesucristo como el Hijo de Dios, en correlación con su asignación como el Cristo, señaló lo siguiente:

> Estamos tratando aquí de evitar que alguien diga la mayor de las tonterías que a menudo se han dicho en cuanto a Él: "Estoy dispuesto a aceptar a Jesús como un gran maestro de moral, pero no acepto su afirmación de que era Dios". Esto es algo que no deberíamos decir. El hombre que sin ser más que hombre haya dicho la clase de cosas que Jesús dijo, no es un gran moralista. Bien es un lunático que está al mismo nivel del que dice que es un huevo o el diablo del infierno. Puedes hacer tu elección. O bien este hombre era, y es el Hijo de Dios; o era un loco o algo peor. Escarnécele como a un insensato, escúpelo y mátalo como a un demonio; o cae a sus pies y proclámalo como Señor y Dios. Pero no asumamos la actitud condescendiente de decir que fue un gran maestro de la humanidad. Él no nos proporciona campo para tal actitud. No fue eso lo que Él intentó.[36]

---

[35] George Ladd, *Teología del Nuevo Testamento* (Editorial Clie, 2002), 352.

[36] Esta construcción es comúnmente denominada el *Trilema de Lewis*. A menudo se la define como una forma de apologética que pretende demostrar la divinidad de Jesucristo. La misma se resume en tres cláusulas: "Lunático, Mentiroso o Señor" (del inglés *Lunatic, Liar, or Lord*). El argumento de Lewis procede de los dichos de Jesús acerca de su divinidad, ya sean implícitos o explícitos. Esta cita se extrae del

En muchos pasajes de los Evangelios vemos a los discípulos reconociendo en Jesús de Nazaret el cumplimiento de estas designaciones del Antiguo Testamento y señalando que él es el Cristo, es decir, el Mesías.[37]

Podemos concluir este apartado diciendo que el título "Cristo" o "Mesías" (formulación griega y hebrea, respectivamente) denota a la figura de Jesús como el Ungido de los ungidos de Dios; el escogido para ejecutar de manera perfecta el plan eterno y divino de salvación para la humanidad. En su carácter como el Cristo, el Señor es el escogido por Dios para rescatar y sanar al mundo, develando así el misterio de la nueva creación, es decir, la reconciliación de todas las cosas en el Cristo y la inauguración del Reino de Dios en la tierra.

KYRIOS (SEÑOR, AMO Y DUEÑO)

Este es, sin lugar a dudas, el título cristológico más citado, reconocido y empleado en el Nuevo Testamento. Pero al mismo tiempo quizás sea el título de Jesús que menos comprendemos. Esto es así especialmente en nuestra cultura latinoamericana, donde el vocablo "señor" se entiende y emplea casi exclusivamente como una manera respetuosa de referirnos a las personas mayores, perdiendo así su profundo sentido bíblico. En este sentido, la palabra castellana que más se asemeja al griego κύριος (transl. *kyrios)* es "amo" o "dueño". Recordemos que los judíos le otorgaban a este vocablo un estricto sentido religioso y patriótico (donde Dios era

libro de C.S. Lewis, *Cristianismo… ¡y nada más! (Mere Christianity)* (Editorial Caribe, 1977), 61-62.

[37] Ver Juan 1.41; 4.25; 6.69; Mateo 14.33; 16.16.

considerado el *kyrios* de Israel),[38] mientras que al mismo tiempo también se sostenía una interpretación cultural y política de esta acepción siendo que *kyrios* era una de las más importantes designaciones para el emperador romano o César.

En la narrativa del Nuevo Testamento, luego del derramamiento del Espíritu Santo sobre los ciento veinte discípulos en el aposento alto, y ante la multitud de judíos congregados en Jerusalén con motivo de la Fiesta de Pentecostés, el apóstol Pedro predicó y afirmó con inspiración divina que Jesucristo era el Señor y el Cristo de Dios.

> Sepa, pues, ciertísimamente toda la casa de Israel, que a este Jesús a quien vosotros crucificasteis, Dios le ha hecho Señor y Cristo.
>
> HECHOS 2.36

La palabra "Señor" utilizada por el apóstol Pedro en su primer discurso proviene del vocablo griego κύριος (transl. *kyrios)*, que significa "alguien en supremacía" o "el supremo". De este modo, *kyrios* puede traducirse como "supremo en autoridad, señor (como título de respecto), soberano, ungido, amo, cristo, Dios y dueño".[39]

Kyrios es un título de amplio significado que presenta la soberanía, el poder y el gobierno de Jesucristo sobre todo lo creado. Este título cristológico es el más citado en el Nuevo Testamento y aparece en todos los libros que lo componen, excepto en la primera y la tercera Epístola del apóstol Juan.

---

38 Ver Deuteronomio 6.4 (LXX).

39 James Strong, *Strong's Hebrew and Greek Dictionaries. Dictionaries of Hebrew and Greek Words taken from Strong's Exhaustive Concordance by James Strong, S.T.D., LL.D., 1890.* [Módulo e-Sword].

Los discípulos también reconocieron a Jesucristo como Señor, sobre todo después de su resurrección y consiguiente revelación de su deidad. Cuando Tomás se dio cuenta del significado de la presencia de una herida mortal en el cuerpo de un hombre vivo de inmediato llamó a Jesús: "¡Señor mío, y Dios mío!".[40] Después de este suceso, no existen registros en el Nuevo Testamento de que *kyrios* volviera a ser utilizado por los creyentes para dirigirse a otra persona que no fuera Dios o Jesús.[41] Esto llevó a la Iglesia Primitiva a enfrentar una continua y cada vez más aguerrida persecución por parte del imperio romano, dado el uso político-religioso que se le otorgaba a *kyrios* en el culto a César.

Kyrios fue también la traducción del nombre divino, *Yahweh,* en la versión griega llamada la Septuaginta o LXX, como también el vocablo griego empleado para traducir los términos hebreos *Adon,*[42] *Adonai*[43] y *Elohim*[44] en el Nuevo Testamento. Jesucristo asumió este título divino, tanto en el sentido más elevado de su uso corriente como también en su asociación con el Antiguo Testamento. Los siguientes pasajes de los evangelios reflejan este punto: Mateo 7.21, 22; 9.38; 22.41-45; Marcos 5.19; Lucas 19.31 y Juan 13.13.

Los apóstoles también asocian diferentes pasajes del Antiguo Testamento a Jesucristo. A los fines de ilustrar este punto, citaremos aquí los siguientes tres ejemplos:

---

[40] Ver Juan 20.28.

[41] W.E. Vine, *Diccionario Expositivo de Palabras del Nuevo y Antiguo Testamento de Vine* (Grupo Nelson Inc., 1998). [Módulo e-Sword].

[42] Ver Mateo 22.44; comp. Salmos 110.1.

[43] Ver Mateo 1.22; comp. Isaías 7.14.

[44] Ver 1 Pedro 1.25; comp. Isaías 40.8.

HECHOS 10.36: Que se relaciona con el texto vetero-testamentario de Deuteronomio 10.14.

1 PEDRO 2.3: Que tiene como referencia Salmos 34.8.

1 PEDRO 3.15: Que presenta como fundamento del Antiguo Testamento a Isaías 8.13.

Es probable que los discípulos de Jesús se refirieran a él bajo esta sola designación: Señor. El Nuevo Testamento no registra en ningún momento que los discípulos se dirigiesen o hablasen de él solo por su nombre personal, sino que siempre lo hicieron por medio del título "Señor" (ver Mateo 8.25; 14.28; Lucas 9.54; 11.1; Juan 20.20; 21.12).

Desde su encuentro en el camino a Damasco, encontramos a Saulo de Tarso llamando "Señor" a Jesús. Así lo registra Lucas en Hechos 9.4-6. Aún más, cuando el apóstol se refiere a los hechos de la historia evangélica habla de lo que el Señor Jesús dijo,[45] hizo[46] y sufrió[47] y presenta a Jesús como aquel que viene por su Iglesia.[48] En sus oraciones, Pablo también emplea el título Señor al referirse a Jesucristo;[49] así también invita al pecador a creer en el Señor Jesús[50] y a los santos a mirar al Señor Jesús para su liberación.[51]

Es importante señalar que el pleno significado del título Señor, título dado al Salvador, reposa sobre la prueba

---

[45] Ver Hechos 20.35.
[46] Ver 1 Corintios 11.23.
[47] Ver 1 Tesalonicenses 2.15; 5.9-10.
[48] Ver 1 Tesalonicenses 2.19; 4.16.
[49] Ver 1 Tesalonicenses 3.11-13; Efesios 1.3.
[50] Ver Hechos 16.31; 20.21; Romanos 10.9.
[51] Ver Romanos 7.24-25.

fehaciente de su resurrección[52] y solo se logra comprender y entrar en su realidad, esto es, abrazar el señorío de Cristo Jesús, mediante la obra del Espíritu Santo en el creyente.[53] [54]

Muchos profetas del Antiguo Testamento predijeron también que el Mesías sería llamado Señor. Entre ellos figuran David, Isaías y Miqueas (Marcos 12.36-37; Lucas 3.4; Miqueas 5.2). Así, el título Señor presenta gran importancia en la obra de salvación y redención que Jesucristo vino a efectuar en el mundo. El pecador arrepentido, a fin de alcanzar el don de la Salvación, debe creer y confesar a Jesucristo como su Señor, como lo declara Romanos 10.9 y Filipenses 2.11.

LOGOS (EL VERBO DIVINO)

El prólogo del Evangelio de Juan introduce otro título de Jesucristo sumamente importante: el de ser el λόγος (transl. *logos)* divino, es decir, el Verbo o la Palabra.

> En el principio era el Verbo, y el Verbo era con Dios, y el Verbo era Dios.
>
> JUAN 1.1

> Y aquel Verbo fue hecho carne, y habitó entre nosotros (y vimos su gloria, gloria como del unigénito del Padre), lleno de gracia y de verdad.
>
> JUAN 1.14

---

[52] Ver Hechos 2.36; Romanos 10.9; 14.9.
[53] Ver 1 Corintios 12.3.
[54] W.E. Vine, *Diccionario Expositivo de Palabras del Nuevo y Antiguo Testamento de Vine* (Grupo Nelson Inc., 1998). [Módulo e-Sword].

Este título es estrictamente Juanino y se asocia con la naturaleza divina del Señor dado que explica su pre-existencia y relación con el resto de las personas de la Santísima Trinidad. Jesús se identifica así con la personificación de la Sabiduría en Proverbios 8 y con las nociones filosóficas del primer siglo que indicaban que el *logos* ("verbo", "palabra", "razón") era la fuerza que estructuraba y ordenaba el universo. Jesús es así el *Logos* que, a través del milagro de la encarnación (v. 14), vino al mundo a traer la gracia y la verdad de Dios. El *Logos* vino a revelar el amor del Padre y así propiciar el camino para que la humanidad regrese a Dios.

> Mas a todos los que le recibieron, a los que creen en su nombre, les dio potestad de ser hechos hijos de Dios.
>
> JUAN 1.12

Empero, el apóstol Juan recalca aquí no solo la naturaleza divina de Jesús (increado, inmensurable y eterno, como lo es Dios Padre y el Espíritu Santo), sino también su carácter y rol como Creador de todas las cosas.

> Todas las cosas por él fueron hechas, y sin él nada de lo que ha sido hecho, fue hecho.
>
> JUAN 1.3

Haciendo eco del relato del libro de Génesis, el apóstol Juan señala que todas las cosas fueron creadas por medio de la Palabra de Dios, es decir, mediante la participación de la segunda persona de la Trinidad.[55] Lo que él dijo vino a

---

[55] Comparar con Juan 1.10; Hebreos 11.3; 2 Pedro 3.5.

existencia, tal y como lo describe la narrativa recurrente de Génesis 1: "Y dijo Dios… y fue así".

Las otras tres menciones de este título en la teología Juanina se encuentran en su primera epístola universal y en el libro de Apocalipsis.[56] Estos pasajes sirven a los mismos fines del prólogo de su Evangelio. A través de ellos se defiende y prueba la divinidad de Jesucristo y su relación con el resto de las personas de la Santísima Trinidad, especialmente en cuanto a los eventos de la primera creación y, en términos de salvación y escatología, en relación al nuevo nacimiento que experimentan los creyentes y la promesa futura de una nueva creación.

EL HIJO DE DIOS

El pre-encarnado Verbo Divino recibe también el título del eterno "Hijo de Dios" en el Nuevo Testamento. Es importante notar aquí que Jesús no se convirtió en el Hijo de Dios por adopción en algún momento de su vida (o luego de su muerte) o por méritos propios. Él es el unigénito Hijo de Dios por naturaleza y desde la eternidad.

Nuevamente, en el Evangelio de Juan y en el libro de Apocalipsis, esta designación aparece con frecuencia. El mismo Señor Jesucristo la empleó para referirse a sí mismo a lo sumo en cinco oportunidades.[57] Comenzando con su prólogo, en donde designa a Jesús como el pre-existente Verbo de Dios,[58] terminando con su epílogo, en donde confiesa que el propósito de su libro es que las personas crean "que Jesús es

---

[56] Ver 1 Juan 1.1; 5.7; Apocalipsis 19.13.
[57] Ver Juan 5.25; 9.35-37; 10.36; 11.4; Apocalipsis 2.18.
[58] Ver Juan 1.1-3.

el Cristo, el Hijo de Dios" (Juan 20.31), la teología de Juan es sumamente importante a los fines de entender la naturaleza divina del Hijo de Dios.

La narrativa de los Cuatro Evangelios demuestra que el Hijo de Dios vino al mundo para revelar al Padre.[59] En este sentido, solo la Deidad puede revelar Deidad y solo Dios puede expresar a la Santísima Trinidad.[60] Solo la filiación eterna del Hijo puede manifestar la paternidad y el afecto eterno del Padre. Dios Padre envió a su Hijo *unigénito* (del gr. μονογενής transl. *monogenēs)* al mundo para que el mundo sea salvo por él (Juan 3.16-17). Notemos la simpleza de la teología Juanina. Jesucristo no vino al mundo para así convertirse en el Hijo de Dios. Eternamente él es el Hijo de Dios, poseyendo así todos los atributos de la Deidad. La relación eterna del Padre y del Hijo es del más puro e íntimo afecto. El Hijo participa así de todos los consejos del Padre y, como lo demuestran los Evangelios, comparte y revela al mundo su voluntad.

EL ALFA Y LA OMEGA, EL PRINCIPIO Y EL FIN, EL PRIMERO Y EL ÚLTIMO

Nuevamente, estos títulos pertenecen exclusivamente a los escritos de Juan y tienen que ver, principalmente, con la eternidad del Señor Jesucristo. El libro de Apocalipsis, escrito por el apóstol Juan durante su exilio en la isla de Patmos, presenta cinco referencias acerca de este título cristológico.[61]

---

[59] Ver Mateo 11.25-27; Lucas 10.22.

[60] Charles J. Rolls, *The Name Above Every Name: Names and Titles of Jesus Christ P-S* (Loizeaux Brothers, 1965), 237.

[61] Ver Apocalipsis 1.8; 1.11; 1.17; 21.6 y 22.13.

"Alfa y Omega", "Principio y Fin" y "Primero y Último" son sinónimos y revelan a Jesucristo el eterno Dios. Cristo Jesús es eterno. Junto con las demás personas de la Trinidad, él comenzó el plan de salvación y, de igual modo, lo terminará. Él formó el mundo y también será quien decida el momento de su destrucción y posterior reconstrucción.[62] Tanto en el principio, como en la continuación y finalización de los tiempos, Jesucristo seguirá siendo Señor, presidiendo y estando en control de todo.[63]

Las letras Alfa (A) y Omega (Ω) son la primera y la última letra del alfabeto griego respectivamente y denotan el principio y el fin del todo. En la tradición rabínica era común utilizar la primera y la última letra del alfabeto hebreo (Alef: א y Tau: ת) para denotar el todo de algo, de principio a fin. Era común que los rabinos dijeran: "Adán transgredió toda la Ley, de Alef (א) a Tau (ת)" o "Abraham guardó toda la Ley, de Alef (א) a Tau (ת)".

El lenguaje utilizado en Apocalipsis 1.8, 11; 21.6 y 22.13 tiene por finalidad denotar la eternidad del ser sobre el cual se aplica esta referencia, la cual no puede ser utilizada para nadie más que Dios. De este modo, al decir que Jesucristo es "el Alfa y la Omega", las Escrituras están revelando que él es eterno. Por ello, en un estricto sentido ontológico, podríamos decir que Jesucristo *no existe,* dado que la utilización de esta palabra establecería una idea de creación existencial. Al contrario, *Jesucristo es.* Él es inmutable y absoluto, no tiene principio ni final.

---

62 Ver 2 Pedro 3.10.
63 Ver Hebreos 13.8.

El profeta Miqueas señaló que el Mesías que iba a venir no solo nacería en Belén, sino que también sería Señor y que su "inicio" sería la misma eternidad.[64] Miqueas hace uso de dos expresiones hebreas que denotan una duración infinita: קֶדֶם (transl. *quédem*; "antes de la antigüedad") y עוֹלָם (transl. *olám*; "tiempo fuera de la mente, siempre, perpetuo").[65]

El título divino de Jesús como el "Alfa y la Omega, el Principio y el Fin, el Primero y el Último" encuentra también dos aseveraciones en el Antiguo Testamento y una relación directa con el "génesis" del Evangelio de Juan en: Salmos 90.2; Proverbios 8.22-23 y Juan 1.1-2. Además de las referencias para fundamentar el título de Jesucristo como el "Alfa y la Omega", concentradas en el libro de los Salmos, se puede citar al profeta Isaías quien señaló también que Yahweh es "el Primero y el Postrero" (Isaías 41.4; 44.6; 48.12). Claramente, se observa que este título hace referencia a la divinidad y eternidad de Dios y, en un contexto cristológico, a la divinidad y eternidad de Jesucristo.

EL CORDERO INMOLADO

Este título le fue otorgado a Jesús por su obra de redención en favor de la humanidad. En el cumplimiento de los tiempos el Señor Jesucristo entregó su vida como sacrificio perfecto para la salvación de su pueblo. Jesús cumplió así la profecía de Isaías 53.7 y fue llevado a la Cruz "como cordero al matadero".

---

64 Ver Miqueas 5.2.

65 James Strong, *Strong's Hebrew and Greek Dictionaries. Dictionaries of Hebrew and Greek Words taken from Strong's Exhaustive Concordance by James Strong, S.T.D., LL.D., 1890.* [Módulo e-Sword].

También, podemos ver esta referencia en Apocalipsis 5.6, 9, 12 y 13.8.

El cordero inmolado representa dos características propias del Mesías:

- **CORDERO:** Como emblema de pureza e inocencia;
- **INMOLADO:** Que refiere al sacrificio expiatorio llevado a cabo por Jesucristo en la cruz del Calvario.[66]

La palabra "inmolado" en su original griego es σφάζω (transl. *sfázo)* y significa "masacrado, mutilado violentamente, herido (como víctima de sacrificio)".[67] El apóstol Juan vio en la revelación de la isla de Patmos las marcas del Señor Jesucristo, las cicatrices en su cuerpo y las heridas en sus manos, pies y costado. Estas son las marcas de la redención adquirida, las cicatrices del sacrificio de Jesús en favor de la humanidad.

El apóstol Pablo habló también de ellas al decir de sí mismo: "De aquí en adelante nadie me cause molestias; porque yo traigo en mi cuerpo las marcas del Señor Jesús" (Gálatas 6.17).

El cordero inmolado que está en medio del trono significa, también, la seguridad de que el creyente puede acercarse confiadamente al trono de la gracia para alcanzar socorro oportuno por medio de la sangre y el sacrificio de Jesús.[68]

---

[66] Ver Juan 1.29.

[67] W.E. Vine, *Diccionario Expositivo de Palabras del Nuevo y Antiguo Testamento de Vine* (Grupo Nelson Inc., 1998). [Módulo e-Sword].

[68] Ver Hebreos 4.16.

EL POSTRER ADÁN

Esta es una designación paulina y encuentra su fundamento en 1 Corintios 15 en donde el apóstol Pablo establece el marco principal de la doctrina de la resurrección de los muertos.[69]

En estos pasajes, Pablo hace uso de las figuras "Adán" y "hombre" (que etimológicamente en su origen hebreo son sinónimos) para referirse a la humanidad del Señor Jesús y su obra de redención que da vida eterna a los creyentes. Así como el cuerpo natural o animal es el fruto de la unión de la humanidad con el primer Adán, quien es hombre de alma animal, así el cuerpo espiritual es el fruto de la unión de los creyentes con el segundo Adán o postrer Adán, quien es el espíritu vivificador (2 Corintios 3.17).[70]

A su vez, Jesucristo es el primogénito de los muertos (Colosenses 1.18; Apocalipsis 1.5), es decir, el primero de la resurrección. En este sentido, los creyentes se identifican con el Cristo resucitado en su glorificación, en donde, éstos experiementan la transformación espiritual que las Escrituras llama "nuevo nacimiento" o el ser hechos una "nueva criatura" (Romanos 8.29; 2 Corintios 5.17). De este modo, Jesucristo es "espíritu vivificante", como señala el apóstol Pablo, ya que al creer en él el hombre natural, muerto en delitos y pecados, recibe de Cristo Jesús vida eterna, resucita y puede sentarse con él en los lugares celestiales (Efesios 2.1, 4-6).

---

[69] Ver 1 Corintios 15.45, 47.

[70] Robert Jamieson, A.R. Fausset y David Brown, *Comentario Exegético y Explicativo de la Biblia* (Casa Bautista de Publicaciones). [Módulo e-Sword].

EL AUTOR Y DADOR DE LA VIDA

En función de su obra redentora, Jesucristo es también llamado el autor de la vida, de la salvación y de la fe de los creyentes.

Luego de la curación del cojo de nacimiento en el pórtico de Salomón, el apóstol Pedro comienza su segundo discurso ante una muchedumbre de judíos y griegos que, dominados por la curiosidad, se congregan para conocer lo que ha acontecido. Pedro señala que Israel negó y rechazó a Jesús el Mesías y que por ello son culpables de su muerte. Con valentía, Pedro acusa al pueblo judío de haber matado al autor de la vida, aunque dichos actos hayan sido llevados a cabo en ignorancia y bajo el previo anuncio de Dios.[71]

> Fue así como mataron al Autor de la vida, a quien Dios resucitó de los muertos. De eso nosotros somos testigos.
>
> HECHOS 3.15 (RVC)

El título "autor de la vida" no solo implica el hecho de que Jesucristo es fuente de toda vida, sino que también la vida eterna, abundante y espiritual que el evangelio promete procede solo de él. El Señor Jesús es, como lo señalan la Escrituras, el único autor y dador de la vida.[72]

Al ser el autor de la vida, Cristo Jesús es también el autor de la salvación de los creyentes, como señala Hebreos 2.10 y 5.9. Sustentado en su obra, perfección y sacrificio, Jesucristo es el originador de la salvación de los creyentes, don que se recibe

---

[71] Ver Hechos 3.17-18.

[72] Ver Juan 1.4; 5.26; 10.10; 1 Juan 5.11-12; Apocalipsis 21.6.

por la fe que también él otorga, al ser el autor y consumador de la fe (Hebreos 12.2).

El autor de la salvación y de la fe es así el "príncipe guiador" que, como Josué a Israel, guía a su Iglesia durante su peregrinaje en esta tierra hacia la herencia celestial. De este modo, los creyentes colocan su fe en Jesucristo y en su obra de salvación dado que ambas le pertenecen a él.

EL BUEN PASTOR

Al entregar su vida voluntariamente en rescate de su pueblo, Jesucristo se constituyó en el pastor amante y fiel de sus ovejas. En el capítulo diez del Evangelio de Juan, el Señor declara en dos ocasiones que él es el buen pastor y menciona que el buen pastor da la vida por sus ovejas (Juan 10.11; 10.14-15).

La humanidad toda es ilustrada en las Escrituras como un conjunto de "ovejas descarriadas",[73] que viven presas del pecado. Para esto mismo apareció Jesucristo, para dar su vida en rescate por muchos y llevar sobre sí el pecado de toda la humanidad. De este modo la puerta de salvación se abrió para todo aquel que cree en Jesucristo. Por su sacrificio de amor, el Señor Jesús es llamado el pastor de nuestras almas y el pastor de las ovejas (1 Pedro 2.25; Hebreos 13.20).

EN CONCLUSIÓN

Si bien las Escrituras presentan otros títulos y nombres dados a Jesucristo, el objetivo del capítulo ha sido presentar aquellos que revisten mayor importancia a la hora de revelar la identidad

---

[73] Ver Isaías 53.6.

y misión del Señor Jesús. También, cada una de las referencias presenta un aspecto sustancial de la salvación y del amor del Cristo hacia su pueblo.

En el plano cristológico, los nombres y títulos de Jesucristo brindan una perspectiva única, que nos permite entender el propósito de su advenimiento al mundo (el milagro de su encarnación), su vida y ministerio terrenal, sus padecimientos y aflicciones, su muerte en la cruz, su resurrección, su ascensión y su futuro regreso. En síntesis, los títulos y nombres dados al Señor nos permiten conocer las diferentes facetas que hacen a la persona de Jesucristo.

CAPÍTULO 3

DIVINIDAD DE JESUCRISTO

> Toda la plenitud de la divinidad habita en forma corporal en Cristo.
>
> COLOSENSES 2.9 (NVI)

EN ESTE CAPÍTULO VEREMOS TRES ASPECTOS DE SUMA IMPORtancia en el estudio de la deidad de Jesucristo: su naturaleza divina, la relación entre su señorío y su divinidad y sus correspondientes atributos divinos.

LA NATURALEZA DIVINA DE JESUCRISTO

Jesucristo presenta en sí mismo dos naturalezas: una divina y otra humana. La sustancia y esencia de Jesús es la misma que la de las demás personas de la Santísima Trinidad. El Credo de San Atanasio señala que el Hijo, dentro de la doctrina de la Trinidad, tiene su propia persona (diferente a la del Padre y a la del Espíritu Santo), pero que "la divinidad del Padre, del Hijo y del Espíritu Santo es toda una, igual la gloria, coeterna la majestad".[74] El Credo también señala:

---

[74] Credo de San Atanasio [En línea]. <http://www.iglesiareformada.com/Credos.html>.

> Asimismo, el Padre es Dios, el Hijo es Dios, el Espíritu Santo es Dios. Y sin embargo, no son tres Dioses, sino un solo Dios. Así también, Señor es el Padre, Señor es el Hijo, Señor es el Espíritu Santo. Y sin embargo, no son tres Señores, sino un solo Señor… El Hijo es sólo del Padre, no hecho, ni creado, sino engendrado. El Espíritu Santo es del Padre y del Hijo, no hecho, ni creado, ni engendrado, sino procedente. Hay, pues, un Padre, no tres Padres; un Hijo, no tres Hijos; un Espíritu Santo, no tres Espíritus Santos. Y en esta Trinidad nadie es primero ni postrero, ni nadie mayor ni menor; sino que todas las tres Personas son coeternas juntamente y coiguales. De manera que en todo, como queda dicho, se ha de adorar la Unidad en Trinidad, y la Trinidad en Unidad.[75]

El Credo de San Atanasio indica que las dos naturalezas de Jesucristo deben ser entendidas y creídas, al igual que la Trinidad, como una *unidad*:

> Además, es necesario para la salvación eterna que también crea correctamente en la encarnación de nuestro Señor Jesucristo. Porque la fe verdadera, que creemos y confesamos, es que nuestro Señor Jesucristo, Hijo de Dios, es Dios y Hombre; Dios, de la sustancia del Padre, engendrado antes de todos los siglos; y Hombre, de la sustancia de su Madre, nacido en el mundo; perfecto Dios y perfecto Hombre, subsistente de alma racional y de carne humana; igual al Padre, según su divinidad;

[75] *Ibid.*

> inferior al Padre, según su humanidad. Quien, aunque sea Dios y Hombre, sin embargo, no es dos, sino un solo Cristo; uno, no por conversión de la divinidad en carne, sino por la asunción de la Humanidad en Dios; uno totalmente, no por confusión de sustancia, sino por unidad de Persona. Pues como el alma racional y la carne es un solo hombre, así Dios y Hombre es un solo Cristo.[76]

A continuación repasaremos algunos pasajes bíblicos que nos permitirán comprender la divinidad de Jesucristo.

LA CONCIENCIA TEMPRANA DE JESÚS ACERCA DE SU DIVINIDAD

Aún en su niñez, Jesús demostró tener pleno conocimiento de su naturaleza e identidad divina, así lo demuestran las Escrituras en Lucas 2.49:

> Entonces él [Jesús] les dijo: ¿Por qué me buscabais? ¿No sabíais que en los negocios de mi Padre me es necesario estar?
>
> LUCAS 2.49

En este registro de la niñez de Jesús, el único incluido en la Biblia, podemos observar cómo ya a la edad de doce años Jesús era consciente de su relación especial con Dios, a quién llamó *su Padre*. Este incidente de la niñez del Señor demuestra que aun a corta edad él ya tenía pleno conocimiento de su misión

---

[76] *Ibid.*

especial en la tierra: "en los negocios de mi Padre me es necesario estar". Aunque pasarían dieciocho años hasta que Jesús comenzara a desarrollar su ministerio público, ya desde su niñez y adolescencia era necesario que se involucrara en el "negocio" para el cual había venido a esta tierra.

LAS AFIRMACIONES ACERCA DE SU DIVINIDAD

La deidad de Jesucristo fue afirmada a lo largo de su vida. Tanto en el registro de su bautismo en el río Jordán como en el relato de la transfiguración, Jesucristo y los testigos allí presentes oyeron la voz de Dios Padre que confirmaba la conciencia interior de Jesús y lo anunciaba públicamente como su Hijo (ver, por ejemplo, Mateo 3.17; Marcos 1.11; Lucas 3.22; Mateo 17.5; Marcos 9.7 y Lucas 9.35).

El apóstol Pedro, uno de los testigos de la transfiguración, señala en su segunda epístola que la voz de Dios dio testimonio de la divinidad de Jesucristo:

> Pues cuando él recibió de Dios Padre la honra y la gloria, desde la magnífica gloria le fue enviada una voz que decía: «Éste es mi Hijo amado, en quien me complazco».
>
> 2 PEDRO 1.17 (RVC)

En la experiencia de la transfiguración en el monte Tabor, el Señor Jesús recibió del Padre *honra* por medio de la voz que habló y *gloria* por medio de la luz que lo rodeó (Mateo 17.5). Tanto Pedro, como Jacobo y Juan vieron a Jesucristo hablando con Moisés y Elías y fueron testigos de su gloria:

> Allí se transfiguró en presencia de ellos; su rostro resplandeció como el sol, y su ropa se volvió blanca como la luz. [...] Mientras estaba aún hablando, apareció una nube luminosa que los envolvió, de la cual salió una voz que dijo: "Este es mi Hijo amado; estoy muy complacido con él. ¡Escúchenlo!".
>
> MATEO 17.2, 5 (NVI)

Hijo es el título que Dios mismo le dio a Jesús debido a la cercanía de su relación con él y el amor que le tiene (Hebreos 1.2). Dios Padre afirmó que Jesús es su hijo y que, por ende, comparte su misma naturaleza divina.

Recordemos que en la tentación del desierto,[77] Jesús tuvo que enfrentar los intentos infructuosos de Satanás de poner en tela de juicio su carácter de Hijo de Dios. Las palabras del diablo en el desierto encuentran semejanzas con aquellas pronunciadas en la tentación del Edén, en el sentido de que en ambas situaciones se buscó implantar la duda falseando lo que Dios había expresado claramente. Es importante recordar que la tentación del desierto sucedió inmediatamente después del bautismo del Señor en el río Jordán, en donde Dios Padre había confirmado la divinidad de su Hijo.

Luego, en pleno desarrollo de su ministerio, uno de sus discípulos, Simón Pedro, declaró públicamente la divinidad de Jesús:

> —Y ustedes, ¿quién dicen que soy yo?
>
> —Tú eres el Cristo, el Hijo del Dios viviente —afirmó Simón Pedro.

---

[77] Ver Mateo 4.1-11; Marcos 1.12-13; Lucas 4.1-13.

> —Dichoso tú, Simón, hijo de Jonás —le dijo Jesús—, porque eso no te lo reveló ningún mortal, sino mi Padre que está en el cielo.
>
> MATEO 16.15-17 (NVI)

La declaración de Pedro es una afirmación innegable, llena de alabanza y adoración, que reconoce en Jesús no solo al Mesías prometido, sino también la vida esencial y eterna de Dios en la persona de su Hijo.[78] La declaración de Pedro implica un reconocimiento profundo y consciente de la divinidad de Jesús, tal y como el mismo Señor lo expresó en Juan 10.30: "Yo y el Padre uno somos" (por favor ver el pasaje completo en Juan 10.29-36).

En el camino a la cruz, Jesús debió enfrentar los ataques de hombres que buscaron menoscabar su divinidad. Ante el Sumo Sacerdote, el Señor se negó a rechazar su naturaleza e identidad divina aun siendo consciente de que dichas afirmaciones le costarían la muerte:

> Pero Jesús guardó silencio. Entonces el sumo sacerdote le dijo: «Te ordeno en el nombre del Dios viviente, que nos digas si tú eres el Cristo, el Hijo de Dios.» Jesús le respondió: «Tú lo has dicho. Y además les digo que, desde ahora, verán al Hijo del Hombre sentado a la diestra del Poderoso, y venir en las nubes del cielo.» El sumo sacerdote se rasgó entonces las vestiduras y dijo: «¡Ha blasfemado! ¿Qué necesidad tenemos de más testigos? ¡Ustedes acaban de oír su blasfemia!
>
> MATEO 26.63-65 (RVC)

---

[78] Robert Jamieson, A.R. Fausset y David Brown, *Comentario Exegético y Explicativo de la Biblia* (Casa Bautista de Publicaciones). [Módulo e-Sword].

LA RELACIÓN ÚNICA CON DIOS PADRE

Los evangelios muestran a Jesús identificándose plenamente con las actividades divinas, dando a conocer su identidad y propósito eterno y revelando la voluntad y los designios del Padre en el mundo. Pasajes como Juan 5.17; 16.28 y 20.21 presentan las diferentes afirmaciones que Jesús hizo acerca de su relación con la obra del Padre[79] y de su procedencia celestial:

> Y Jesús les respondió: Mi Padre hasta ahora trabaja, y yo trabajo.
>
> JUAN 5.17

> Salí del Padre, y he venido al mundo; otra vez dejo el mundo, y voy al Padre.
>
> JUAN 16.28

> Entonces Jesús les dijo una vez más: «La paz sea con ustedes. Así como el Padre me envió, también yo los envío a ustedes.»
>
> JUAN 20.21 (RVC)

La relación y la comunión entre el Padre y el Hijo se observa en los evangelios, como así también en todo el Nuevo Testamento. El Hijo conoce al Padre y el Padre conoce al Hijo, ambos gozan de una comunión y un conocimiento íntimo y único que Pablo señala como un "misterio"[80] (ver también Mateo 11.27 y Juan 17.25).

---

[79] Myer Pearlman, *Teología Bíblica y Sistemática* (Editorial Vida, 1992), 103-104.
[80] Ver Colosenses 2.2.

El tipo de relación que Jesús tenía con el Padre no tenía ningún tipo de precedentes en la literatura judía. Indudablemente, Jesús llevó su comunión con el Padre a otro nivel al referirse a él utilizando la afectuosa expresión aramea *Abba*,[81] como lo registra Marcos 14.36.

LA AUTORIDAD DE CRISTO JESÚS

La autoridad de Jesucristo es otro elemento que nos habla de su divinidad. Podemos ver su autoridad no solo en sus hechos milagrosos, sino también en sus enseñanzas y discursos. Cuando analizamos el contenido del discurso más importante de Jesús, el *Sermón del Monte*,[82] vemos que Jesucristo no fue un maestro más en Israel que solo dio sus opiniones con respecto a la religión y la moralidad, sino que sus afirmaciones fueron puntuales y veraces.

En las palabras de Jesús nunca se encuentran expresiones como "según opino", "quizás", "creo que", "supongamos"; al contrario, sus declaraciones son precisas y llenas de autoridad. Basta con mencionar que al finalizar el Sermón del Monte la multitud congregada se maravilló de las enseñanzas y de la *autoridad divina* del Señor Jesucristo (Mateo 7.28-29). Los maestros de la Ley en los tiempos de Jesús no tenían autoridad en sí mismos; su "autoridad" provenía de autoridades previas. Incluso Moisés y el resto de los profetas del Antiguo Testamento no hablaron bajo su propia autoridad, sino que lo hacían en nombre de Dios utilizando en muchas oportunidades la fórmula "así dice el Señor".

---

81 ESV Study Bible, *"Biblical Doctrine: An Overview - The Person of Christ"* (Crossway, 2008), 2516.

82 Ver Mateo 5.1-7.28.

Jesús, en cambio, interpretó la Ley diciendo: "Oísteis que fue dicho [...] pero *yo* os digo [...]" (Mateo 5.21-22, énfasis añadido por el autor).[83] La autoridad divina es demostrada claramente cuando Jesús habla de sí mismo como el Señor que va a juzgar a la tierra (Juan 5.22). Sin dejar de reconocer la autoridad permanente de la Ley, colocó sus palabras al mismo nivel:[84] "El cielo y la tierra pasarán, pero mis palabras no pasarán" (Mateo 24.35).

LA PERFECCIÓN DE CRISTO

A diferencia de cualquier otro profeta o maestro de la ley, el Señor Jesús no pecó nunca, ni interna ni externamente. Ningún maestro de la antigüedad de Israel que haya llamado a los hombres al arrepentimiento y a la justicia pudo evitar alguna referencia a su propio pecado e imperfección. Algunos de los ejemplos del Antiguo Testamento son:

- **ESDRAS:** Ver Esdras 9.7.
- **NEHEMÍAS:** Ver Nehemías 1.6.
- **JEREMÍAS:** Ver Jeremías 14.7.
- **DANIEL:** Ver Daniel 9.5.

Estos son solo algunos de los hombres que fueron levantados por Dios para ministrar e interceder en favor del Pueblo. Las Escrituras narran la vida de diferentes siervos de Dios que fueron apartados por designio divino para una vida de santidad y que, en el proceso, reconocieron su pasado de pecado y se

---

83 Ver Mateo 5.28, 32, 34, 39, 44.

84 ESV Study Bible, *"Biblical Doctrine: An Overview - The Person of Christ"*, (Crossway, 2008), 2516.

arrepintieron de él. El ejemplo más reconocido es el de Saulo de Tarso, quien luego de su conversión comenzara a ser conocido como Pablo.

Al comparar estas historias con la de Jesús, observamos que el Señor no hace ninguna confesión de pecado personal. Durante su vida en la tierra nunca cayó sobre su alma sombra o mancha alguna. Por el contrario, Jesús, el más humilde de los hombres, lanzó el siguiente reto: "¿Quién de ustedes me puede probar que soy culpable de pecado? Si digo la verdad, ¿por qué no me creen?" (Juan 8.46).[85]

En otras palabras, Cristo Jesús cumplió en su vida toda la ley y obedeció completamente a Dios. Nunca se halló ninguna falta en él, nada de que acusarle. Fue en verdad un cordero sin mancha y sin contaminación, tal como lo describe el apóstol Pedro en 1 Pedro 1.19. Jesucristo no conoció pecado, no cometió pecado, no nació en o con pecado, nunca el pecado se enseñoreo de él. Como señala el escritor a los Hebreos, Jesús "es santo y no tiene culpa ni mancha de pecado" (Hebreos 7.26, NTV).

A pesar de que Jesús tenía conocimiento de su santidad y perfección, fue "tentado en todo de la misma manera que nosotros, aunque sin pecado" (Hebreos 4.15). Para entender mejor la tentación debemos reflexionar acerca de dos elementos fundamentales:

- La tentación no es pecado.
- Ceder a la tentación es pecado.

---

[85] Myer Pearlman, *Teología Bíblica y Sistemática* (Editorial Vida, 1992), 104- 105.

Jesucristo, aun siendo perfecto fue tentado por el diablo en el desierto, lo que demuestra que la tentación es real aun para una persona perfecta. Jesucristo se sometió por voluntad propia a la voluntad del Padre en todo momento.[86] Tanto el apóstol Pablo como el escritor a los Hebreos exaltan la obediencia de Jesucristo al señalar:

> Porque así como por la desobediencia de un solo hombre muchos fueron constituidos pecadores, así también por la obediencia de uno solo muchos serán constituidos justos.
>
> ROMANOS 5.19 (RVC)

> Y aunque era Hijo, por lo que padeció aprendió la obediencia.
>
> HEBREOS 5.8

Según 2 Corintios 5.21, Jesucristo nunca conoció el pecado, pero Dios por amor a la humanidad lo hizo pecado para que el hombre pueda llegar a ser justificado y liberado de la condenación del pecado:

> Pues Dios hizo que Cristo, quien nunca pecó, fuera la ofrenda por nuestro pecado, para que nosotros pudiéramos estar en una relación correcta con Dios por medio de Cristo.
>
> 2 CORINTIOS 5.21 (NTV)

---

[86] Ver Mateo 6.10; 26.42; Lucas 11.2; 22.42.

Cristo debió llevar los pecados de su pueblo y sufrir el castigo de dichos pecados. Como señala el apóstol Pablo a los Gálatas, el Señor se hizo maldito por amor a su pueblo (Gálatas 3.13).

Siendo inocente y perfecto, debido a su naturaleza divina, Jesucristo sometió su voluntad a la voluntad del Padre y se entregó a sí mismo por amor de su Pueblo. Su perfección, santidad absoluta e inocencia corroboran y atestiguan su divinidad.

EL TESTIMONIO DE LOS DISCÍPULOS

Ningún judío cometió jamás el error de pensar que Moisés era divino; ni aún sus discípulos más entusiastas hubieran soñado jamás con atribuirle poder o autoridad para perdonar pecados. La razón es que Moisés jamás habló ni se comportó como uno que procedía de Dios o compartía su naturaleza. Sin embargo, el Nuevo Testamento presenta a un grupo de hombres que caminaron con Jesús, lo vieron en todos los aspectos característicos de su humanidad y reconocieron sus atributos divinos, predicaron que su nombre era poder para la salvación e invocaron su nombre en oración.[87] Los apóstoles testificaron públicamente acerca de la divinidad de Jesucristo, como se demuestra en los siguientes tres ejemplos:

- **JUAN:** Ver Juan 1.1, 3; 20.31;
- **PEDRO:** Ver Hechos 2.33, 36; 4.12; 5.31; 10.42; 2 Pedro 3.18;

[87] Myer Pearlman, *Teología Bíblica y Sistemática* (Editorial Vida, 1992), 105.

- **PABLO:** Quien fue un testigo del Cristo resucitado y glorificado. Ver Tito 2.13; Colosenses 1.16-17; 2.9; 1 Corintios 1.2; 2 Corintios 13.14.

El hecho de que Jesucristo haya sido adorado es quizás la demostración más radical de que Jesús tenía un conocimiento pleno de su divinidad; los Evangelios lo muestran aceptando la adoración de la gente.[88] Si Jesús no hubiese creído que él era Dios, hubiese rechazado vehementemente ser adorado como tal, como Pablo y Bernabé hicieron en Listra.[89] Por ello, al aceptar adoración, Jesús demuestra su identidad divina, ya que la alabanza y la adoración solo le pertenecen a Dios.[90]

RELACIÓN ENTRE EL SEÑORÍO DE JESUCRISTO Y SU DIVINIDAD

El Señorío de Cristo Jesús presenta una relación importante con su divinidad. Como vimos en el capítulo anterior, el título *Señor* significa "amo, dueño o propietario" y contiene en su raíz etimológica las siguientes definiciones: "supremacía, supremo en autoridad, controlador, Señor como título de respeto, Soberano, Ungido, amo, Dios y dueño".[91] Este es uno de los títulos más importantes de Jesucristo en el Nuevo Testamento, ya que indica su *deidad, exaltación y soberanía.*[92]

---

[88] Ver Mateo 14.33; 28.9, 17.

[89] Ver Hechos 14.14-15.

[90] Ver Salmos 29.2; 96.9; 105.1; 107.1; 117.1; 136.2-3.

[91] James Strong, *Strong's Hebrew and Greek Dictionaries. Dictionaries of Hebrew and Greek Words taken from Strong's Exhaustive Concordance by James Strong,* S.T.D., LL.D., 1890. [Módulo e-Sword]

[92] Myer Pearlman, *Teología Bíblica y Sistemática* (Editorial Vida, 1992), 108.

DEIDAD: En el contexto lingüístico del Nuevo Testamento, cuando se colocaba el título "Señor" antes de un nombre, este proporcionaba la idea de supremacía o deidad, tanto para judíos como para gentiles. Como hemos visto en el capítulo anterior, el vocablo griego *Kyrios* fue incluso el equivalente de Yahweh en la Septuaginta (traducción griega del Antiguo Testamento); por lo tanto, para los judíos el título "Señor", otorgado a Jesús por los creyentes neotestamentarios, era una mención clara acerca de su divinidad.

Cuando los sucesivos emperadores romanos se autoproclamaron "señores" y requirieron que sus súbditos les brindaran dicha distinción, los cristianos reconocieron que lo que el emperador en realidad estaba reclamando para sí era *divinidad*, por tal motivo muchos decidieron ser perseguidos por el imperio e incluso morir como mártires antes que desplazar el señorío de Jesucristo en sus vidas. Solo a Jesucristo, a quién Dios exaltó, se le puede atribuir señorío y adoración.[93]

EXALTACIÓN: En la eternidad, Cristo posee el título de "Hijo de Dios", en virtud de su relación con Dios Padre (Filipenses 2.9). En la historia, Jesucristo obtuvo el título de "Señor", al morir y resucitar por la salvación de los hombres (Hechos 2.36; 10.36; Romanos 14.9; Apocalipsis 1.5). En otras palabras, Jesucristo es divino por naturaleza y se convirtió en Señor por su obra.[94]

---

93 *Ibid.*
94 *Ibid.*

SOBERANÍA: En Egipto, Yahweh se reveló a Israel en calidad de Redentor y Salvador y en el Monte Sinaí como Señor y Rey. Aquél que se convirtió en Salvador, tiene todo el derecho de ser jefe y amo de su pueblo. Es por ello que los Diez Mandamientos comienzan con la siguiente declaración: "Yo soy Jehová (YWHY) tu Dios, que te saqué de la tierra de Egipto, de casa de servidumbre" (Éxodo 20.2). De esta misma manera es Cristo con su pueblo, la Iglesia.

La atribución del título "Señor" a Jesucristo es una declaración de soberanía sobre el derecho que él posee sobre la vida de los creyentes. El enfermo lisiado de Betesda supo inmediatamente que aquel que le había dado la vida tenía el derecho de decirle de qué manera vivir. En otras palabras, si Jesús es el Salvador de los creyentes, también él debe ser su Señor (Juan 5.11).[95] Comprados por precio, los creyentes no se pertenecen a sí mismos (1 Corintios 6.20) sino que pertenecen a aquél que murió y resucitó por ellos (2 Corintios 5.15).

Finalmente, es importante comprender que la soberanía de Jesucristo fue el mensaje central de la Iglesia Primitiva. Incluso, si se realiza una búsqueda de palabras en el Nuevo Testamento, el título "Salvador" se encuentra tan solo 27 veces; mientras que el título "Señor" aparece 729 veces. Esto habla indudablemente de la importancia que reviste el señorío y la soberanía de Jesucristo en la vida del creyente y en la actividad de la Iglesia.

---

95 *Ibid.*

ATRIBUTOS DIVINOS DE JESUCRISTO

Jesucristo, en su naturaleza divina, comparte los mismos atributos del resto de las personas de la Santísima Trinidad. El estudio de los atributos divinos de Jesucristo es uno de los elementos más importantes de la doctrina de la divinidad de Cristo Jesús dado que estos corroboran y manifiestan dicha naturaleza.

Los atributos divinos son considerados una colección de descripciones acerca de quién es Dios; esta descripción se sustenta en lo que las Escrituras declaran. Así, un "atributo" es algo que Dios ha revelado de sí mismo, una verdad revelada en las Escrituras que muestran quién es él.

Los atributos divinos son clasificados típicamente en dos categorías: atributos *comunicables* (aquellos atributos que no solo Dios comunica al hombre, sino que también el hombre tiene el potencial de desarrollar; por ejemplo: su amor, su bondad, su santidad, etc.) e *incomunicables* (aquellos que él no comparte o "comunica" a nadie).

Por medio de referencias bíblicas, analizaremos ahora seis atributos divinos *incomunicables*, inherentes a Jesucristo, existentes desde la eternidad hasta la eternidad ya que él es co-igual con el resto de las personas de la Trinidad y conlleva en su sustancia todos sus atributos.

PREEXISTENCIA Y ETERNIDAD: Este atributo se refiere a la existencia de Cristo con Dios *antes* de la creación de todas las cosas y su naturaleza eterna, tal y como se sustenta en las Escrituras por medio de los siguientes pasajes: Colosenses 1.16; Juan 1.1-3, 15; 8.58; 17.5 y 1 Pedro 1.20.

La preexistencia de Cristo debe comprenderse a la luz de su nacimiento virginal. El nacimiento virginal de Cristo fue un milagro obrado por el Espíritu Santo, por medio del cual el eterno Hijo de Dios tomó una naturaleza humana. Así, Cristo fue engendrado en el curso de la historia humana en un tiempo y lugar determinado. No obstante, este engendramiento no fue el origen de su ser, ya que él es eterno. El hecho de que Jesucristo sea eterno supone que él ha existido siempre, no tiene comienzo ni final y no ha experimentado ni experimenta ninguna sucesión de momentos.

EXISTENCIA PROPIA: Debido a su naturaleza divina, Jesús posee existencia en sí mismo, es decir, es independiente en cada una de sus actividades en relación con lo creado.[96] Al tener existencia propia Cristo Jesús también posee suficiencia propia. Él es auto-existente y auto-suficiente por lo cual no necesita de los seres humanos o del resto de la creación para existir. Los siguientes pasajes bíblicos de Juan fundamentan este atributo divino: Juan 5.26; 10.17, 18.

Uno de los aspectos fundamentales de la doctrina de la Trinidad es el reconocimiento de las tres personas que la conforman en unidad. Así, el Hijo de Dios es igualmente eterno, como el Padre y el Espíritu Santo lo son (co-eterno y co-igual). Por otro lado, al ser la segunda persona de la Trinidad, Jesucristo posee una identidad y una personalidad única, que lo diferencian en actividad del resto de las personas de la Trinidad. Si bien tiene una voluntad independiente, tal como lo demuestran los escritos de Juan, Jesucristo somete, en todo momento, su voluntad a la voluntad del Padre.

---

[96] Rev. Arturo León A., *Conociendo a Jesucristo* (Arturo León A., Guatemala, 2008).

La existencia propia del Señor Jesucristo no significa que él haya causado su propia existencia porque esto implicaría que él actuó antes de que él mismo existiera. La "existencia propia" significa que él existe por la absoluta necesidad de su naturaleza, así como Dios el Padre y el Espíritu Santo existen. Cada una de las Personas de la Trinidad existe por la necesidad de su propia naturaleza, independientemente de la voluntad de las otras personas de la Deidad.

Dada su divinidad, el Señor Jesucristo no es un ser creado; él es increado y auto-existente. La *existencia propia* de Jesucristo se sustenta así en su divinidad, relacionándose con:

- Su igualdad con el Padre y el Espíritu Santo;
- Su existencia eterna e independiente que prueba su auto-existencia (eternidad implica auto-existencia y viceversa, ya que una "criatura" eterna es un absurdo);
- Su poder divino (que es otro atributo incomunicable de la Deidad);
- Su conocimiento divino (que pertenece solo a un ser auto-existente);
- Su sabiduría divina (ya que Cristo posee desde la eternidad todos los tesoros de la sabiduría).

Estos son solo algunos de los atributos divinos que se relacionan directamente con la existencia propia de Jesús.

INMUTABILIDAD: Por medio de este atributo, Jesús se despoja de todo cambio, no solamente en su ser, sino también en sus perfecciones, propósitos y promesas.[97] El Señor es libre

[97] *Ibid.*

de toda variación, aumento o disminución, crecimiento o decadencia en su ser; él es siempre *el mismo (semper Dei)*. Él es el mismo a lo largo de toda la eternidad, mantiene la misma voluntad, carácter, plan, conocimiento y sabiduría por siempre. Él es eternamente constante e incambiable. Él es perfecto y completo en toda su gloria incambiable. Si Dios no fuera inmutable, no sería Dios. Jesucristo, al igual que las demás personas de la Trinidad, es inmutable. Podemos encontrar este atributo en los siguientes pasajes: Hechos 1.8, 10-12; 13.8; Lucas 21.33 y Santiago 1.17.

Es importante comprender que cuando el eterno Hijo de Dios se hizo hombre, éste no cambió. Dado que el Señor Jesucristo posee dos naturalezas, una humana y una divina, lo que siempre ha permanecido inmutable es su naturaleza divina. Su divinidad no se transformó en humanidad ni tampoco su humanidad se transformó en divinidad. Ambas naturalezas preservaron sus propiedades peculiares. Él se convirtió en un siervo, pero no cesó de ser Dios. Se humilló a sí mismo cubriendo su deidad con humanidad, pero no dejando de ser Dios. En otras palabras, Dios no puede dejar de ser Dios y todavía ser Dios; por lo cual no se puede hablar de Dios poniendo a un lado su deidad para cubrirse de humanidad. Jesucristo fue inmutable en naturaleza antes, durante y después de su tiempo en la tierra porque él es Dios.

La inmutabilidad de Jesucristo es prueba fehaciente de su existencia propia, ya que todo ser creado o derivado es "mutable", porque depende de alguien más que le ha dado todo lo que es y posee. Dado que Cristo Jesús es inmutable, él es también auto existente, independiente y absolutamente divino.

OMNIPOTENCIA: Etimológicamente, *omnipotencia* significa poseer todo poder o ser todopoderoso. Se trata de la capacidad de Dios para hacer todas las cosas. La omnipotencia presenta relación con la soberanía de Dios ya que describe al Todopoderoso como capaz de hacer su santa voluntad.

Los siguientes pasajes bíblicos del Nuevo Testamento afirman la deidad de Jesucristo y lo señalan como todopoderoso: Apocalipsis 1.8; 4.8; Mateo 28.18; Lucas 10.22; 1 Pedro 3.22 y Filipenses 2.9-10. Dios es la gran fuente y el originador de todo poder. Tanto "Dios" como "poder" son tan inseparables que deben ser considerados recíprocos.[98] Dado que la esencia de Dios es inmensa, la misma no puede ser confinada a un lugar. Es eterna, no puede ser medida en tiempo. Por ello él es todopoderoso y no puede ser limitado en su accionar.

Desde un marco cristológico, antes del nacimiento de Jesucristo, el profeta Isaías había declarado que a Israel le sería dado un niño, un hijo, cuyo nombre sería "Dios Fuerte" (Isaías 9.6). Durante su vida en la tierra, el poder sobrenatural de Jesucristo fue reconocido por todos. Los Evangelios registran que aun los elementos de la naturaleza obedecían a sus palabras (Mateo 8.26-27). Dado que Jesucristo era Dios antes, durante y después de su tiempo en la tierra, el Señor no se despojó de este atributo divino cuando se hizo hombre. Por ello el apóstol Pablo declara que se regocija en su propia debilidad a fin de que el poder de Cristo pueda reposar en él (2 Corintios 12.9).

OMNIPRESENCIA: Este atributo divino se define como el poder para estar en todas partes al mismo tiempo sin ningún

[98] Ver Marcos 14.62 en donde "poder" es utilizado como un título de Dios.

límite.[99] Este carácter de la naturaleza divina del Señor lo encontramos en las siguientes citas de Nuevo Testamento: Juan 3.13; Mateo 18.20 y 28.20.

Las Escrituras afirman que Jesucristo es omnipresente. Si bien este ha sido por mucho tiempo un tema de discusión teológica, la Biblia enseña que cuando Cristo asumió su naturaleza humana él no tuvo que abandonar ninguno de sus atributos divinos, sino que los mismos fueron "cubiertos" por su humanidad (Filipenses 2.7). De este modo, la encarnación debe ser considerada el milagro por el cual Jesús asumió su humanidad, pero sin despojarse de su divinidad. Por todo lo expuesto, debe entenderse que la naturaleza humana de Cristo Jesús *no* es omnipresente, pero su naturaleza divina *sí* lo es.

OMNISCIENCIA: Este término significa literalmente "conocer todas las cosas". El conocimiento de Dios es exhaustivo y completo, tanto del pasado, como del presente y el futuro. Podemos encontrar este atributo en los siguientes pasajes: Juan 2.23-25; 21.17; Mateo 9.1-6; 17.24-27 y Apocalipsis 2.23. En estos pasajes de los Evangelios se muestra que Jesucristo conoce los corazones y los pensamientos de las personas.

A esto podemos agregar el testimonio del apóstol Pedro ante los apóstoles y los ancianos en el concilio de Jerusalén:

> Y Dios, que conoce los corazones, los confirmó y les dio el Espíritu Santo, lo mismo que a nosotros.
>
> HECHOS 15.8 (RVC)

---

[99] Rev. Arturo León A., *Conociendo a Jesucristo* (Arturo León A., Guatemala, 2008).

Al venir al mundo, Jesucristo no se despojó de este atributo divino. En su deidad él fue, es y será por siempre omnisciente. El Señor conocía los corazones de los hombres y de las mujeres y aun estando lejos sabía lo que se estaba discutiendo (Mateo 17.24-27). El apóstol Pedro reconoció este atributo en Jesucristo y exclamó: "Señor, tú lo sabes todo" (Juan 21.17). Su omnisciencia habla de su divinidad y es prueba fehaciente de la misma.

En resumen, Jesucristo, en su naturaleza divina comparte los mismos atributos divinos del resto de las personas de la Santísima Trinidad. Tanto los atributos divinos del Señor Jesucristo como la relación entre su señorío y su divinidad y el testimonio escritural e histórico acerca de su deidad corroboran que Jesús de Nazaret es el Hijo de Dios que vino al mundo a salvar a los pecadores.[100]

---

[100] Ver 1 Timoteo 1.15.

CAPÍTULO 4

HUMANIDAD DE JESUCRISTO

> Y la Palabra se hizo carne, y habitó entre nosotros, y vimos su gloria (la gloria que corresponde al unigénito del Padre), llena de gracia y de verdad.
>
> JUAN 1.14 (RVC)

ES TRASCENDENTAL PARA EL DESARROLLO DE LA FE COMPRENder correctamente tanto la divinidad como la humanidad de Jesucristo; su naturaleza como el eterno Hijo de Dios y su naturaleza como el Hijo del Hombre. La Biblia presenta una vasta evidencia en cuanto a la humanidad del Señor Jesucristo; nos muestra que él tuvo un cuerpo humano, una mente humana y que hasta experimentó la tentación. En este capítulo, nos centraremos en la humanidad de Cristo, analizaremos su naturaleza humana y lo que ésta implicó en el desarrollo de su obra redentora en favor de la humanidad.

JESUCRISTO, EL HIJO DEL HOMBRE

En el capítulo anterior señalamos que Jesucristo no es *un* hijo de Dios sino *el* Hijo de Dios. En el presente capítulo, ahondaremos a través de las Escrituras en el significado del título cristológico que hemos mencionado en el capítulo dos: Jesús el "Hijo del Hombre".

Myer Pearlman[101] señala que de acuerdo a la costumbre hebrea la designación "hijo de" denota relación y participación.[102] Ejemplo de ello es el uso de los términos "hijos del reino" e "hijos del malo"; "hijos de la resurrección", "hijo de paz", "hijos de Israel", "hijos de los hombres", "hijos de este siglo" e "hijos de luz", en el Nuevo Testamento.

Las menciones "hijos del reino" e "hijos del malo" que aparecen en Mateo 13.38 distinguen a los creyentes, de los incrédulos quienes compartirán el castigo y la condenación del malo (Satanás). "Hijos de la resurrección", mencionado en Lucas 20.36, designa a aquellos que participarán de la vida eterna al experimentar la resurrección. "Hijo de paz" en Lucas 10.6 es la designación de aquel creyente que posee y presenta una disposición pacífica. Los Evangelios presentan otras menciones y usos de este apelativo como ser "hijos de Israel" (Mateo 27.9; Lucas 1.16), "hijos de los hombres" (Marcos 3.28), "hijos de este siglo" e "hijos de luz" (Lucas 16.8), entre otros.

Dentro de este contexto lingüístico, podemos decir que cuando Jesucristo se refiere a sí mismo en los Evangelios como el "Hijo del Hombre", el Señor tiene por finalidad dar a conocer su naturaleza humana. Este título, entonces, está relacionado con su vida en la tierra (Marcos 2.10; 2.28; Mateo 8.20; Lucas 19.10), con sus sufrimientos en pos del bien de la

---

[101] Myer Pearlman (1893-1943), fue un teólogo escocés de descendencia judía y un prominente escritor y teólogo sistemático de las Asambleas de Dios en Estados Unidos, país al cual emigró en 1915.

[102] Myer Pearlman, *Teología Bíblica y Sistemática* (Editorial Vida, 1992), 109.

humanidad (Marcos 8.31) y con su exaltación y gobierno sobre la humanidad (Mateo 25.31; 26.24).[103]

Además, al referirse a sí mismo como el Hijo del Hombre, Jesús no solo está demostrando su participación en la naturaleza humana, sino que también está señalando su divinidad. Él es el Verbo Divino que vino al mundo identificándose en forma definida con la humanidad como su representante y salvador.[104] De esta manera, podemos afirmar que el Hijo de Dios se convirtió por voluntad propia en el Hijo del Hombre al venir a este mundo, sujetándose a la debilidad, al sufrimiento y hasta la muerte que caracterizan a la vida humana. A pesar de esto, Jesucristo se mantuvo en contacto con el Cielo[105] durante toda su vida terrenal y mantuvo una relación íntima con el Padre y el Espíritu Santo.[106] Su autoridad divina se demostró en las señales, prodigios y milagros que se llevaron a cabo por medio de sus manos y sus palabras y la autoridad que manifestó al perdonar pecados.[107]

Esta naturaleza humana no cesó cuando el Señor transitó sus últimas etapas de sufrimiento ni aún en su muerte, así lo declara tanto Jesucristo en los Evangelios, como sus apóstoles en el resto de los escritos neotestamentarios. El Señor murió como hombre y resucitó como hombre, pero también ascendió a los Cielos como hombre. Como se registra en las Escrituras, la humanidad del Hijo de Dios es verdadera y no fingida; el Señor Jesucristo, durante su vida en este mundo, sufrió el

---

103 *Ibid,* 109-110.
104 *Ibid,* 109.
105 Ver Juan 3.13; 6.33, 41, 51, 58; Efesios 4.10.
106 Ver Mateo 3.13–17; Marcos 1.9–11; Lucas 3.21–22; Juan 1.32.
107 Ver Mateo 9.6.

hambre, la sed, el cansancio, el dolor y estuvo sujeto a las debilidades de la naturaleza humana, pero sin pecado.[108]

EL NACIMIENTO VIRGINAL: DOCTRINA DE LA ENCARNACIÓN

El Hijo de Dios se convirtió en el Hijo del Hombre de una manera sobrenatural y milagrosa. El gran apologista del siglo XX, C.S. Lewis, llegó incluso a señalar que la encarnación de Jesucristo fue el gran milagro de la historia:

> El milagro central afirmado por el Cristianismo es la encarnación. La afirmación es que Dios se hizo hombre. Cada uno de los demás milagros es una preparación para este, o lo señalan, o son su consecuencia. Exactamente igual que cada acontecimiento natural es la manifestación del carácter total de la naturaleza en un determinado lugar y momento, así cada milagro concreto en el cristianismo manifiesta en un lugar y momento concretos el carácter y significado de la encarnación.[109]

El "segundo hombre",[110] vino al mundo siendo concebido por el Espíritu Santo, sin intervención de un padre humano. Desde el momento mismo de su concepción, se produjo en el Hijo de Dios una *unión permanente* entre su naturaleza divina y su naturaleza humana.

La encarnación del Señor Jesucristo tuvo lugar en un momento determinado y específico de la historia humana. El

---

108 Myer Pearlman, *Teología Bíblica y Sistemática* (Editorial Vida, 1992), 110.
109 C.S. Lewis, *Los Milagros* (Editorial Rayo, 2006), 171.
110 Ver 1 Corintios 15.47.

Hijo de Dios, sin dejar de ser Dios, tomó para sí otra naturaleza, la del hombre, y así la unió con la suya para constituir una persona: Jesucristo. Jesús es la unión permanente de dos naturalezas, la humana y la divina.

La Confesión de Fe de Westminster del año 1646 lo afirma de la siguiente manera:[111]

> El Hijo de Dios, la segunda persona de la Trinidad, siendo verdadero y eterno Dios, igual y de una sustancia con el Padre, habiendo llegado la plenitud del tiempo, tomo sobre sí la naturaleza humana[112] con todas sus propiedades esenciales y con sus debilidades comunes, más sin pecado.[113] Fue concebido por el poder del Espíritu Santo en el vientre de la virgen María, de la sustancia de ella.[114] Así que, dos naturalezas completas, perfectas y distintas, la divina y humana, se unieron inseparablemente en una persona, pero sin conversión, composición o confusión alguna.[115] Esta persona es verdadero Dios y verdadero hombre, un solo Cristo, el único mediador entre Dios y el hombre.[116]

En la genealogía de Jesús (Mateo 1.1-17),[117] Mateo presenta el nacimiento virginal del Señor como conclusión de la genealogía de José. Allí se hace uso de un pronombre femenino

---

[111] *Confesión de Fe de Westminster*, Capítulo VIII: "De Cristo, el Mediador". Sec. 2. [En línea] <http://www.iglesiareformada. com/Confesion_Westminster.html>.

[112] Ver Juan 1.1, 14; 1 Juan 5.20; Filipenses 2.6; Gálatas 4.4.

[113] Ver Hebreos 2.14, 16, 17; 4.15.

[114] Ver Lucas 1.27, 31, 35; Gálatas 4.4.

[115] Ver Lucas 1.35; Colosenses 2.9; Romanos 9.5; 1 Timoteo 3.16; 1 Pedro 3.18.

[116] Ver Romanos 1.3-4; 1 Timoteo 2.5.

[117] Ver Lucas 3.23-28.

del cual María es la antecedente: "...y Jacob engendró a José, marido de María, de la cual nació Jesús, llamado el Cristo" (Mateo 1.16). El vocablo griego que se traduce como "la cual" ἐξ ἧς (transl. *ex hēs)* es un pronombre singular de género femenino que, en este contexto, prueba que el nacimiento fue por María solamente, aun cuando la genealogía sea de José.[118]

El nacimiento virginal y sobrenatural del Señor Jesucristo encuentra, además, una fuerte fundamentación en el Antiguo Testamento en las diversas profecías y promesas hechas a los antiguos. La primera de estas profecías es el llamado *protoevangelio* o *protoevangelium* ("primer evangelio") de Génesis 3.15. Esta es la profecía más antigua acerca del Redentor del pecado y en ella se dice que dicho Redentor provendría de la "simiente de la mujer".[119] En Génesis 3.15 se introdujeron dos elementos desconocidos previamente en el jardín del Edén, elementos que son sustanciales para el cristianismo: la maldición sobre la humanidad como consecuencia del pecado de Adán y la provisión de Dios de un Salvador quien destruiría dicha maldición. Estos son los dos principios fundamentales sobre los cuales descansa el Evangelio. Jesucristo fue la "simiente de la mujer" que destruyó en la cruz la maldición del pecado y de la muerte que había recaído sobre la humanidad.

Por otro lado, el nacimiento virginal de Jesucristo también fue profetizado por Isaías más de 800 años antes de que ocurriese (Isaías 7.14; 9.6-7; 11.1-2). Incluso antes del nacimiento de Jesús hubo un anuncio angelical cuando Gabriel se le apareció primero a Zacarías para anunciar el nacimiento de

---

118 Guy P. Duffield y Nathaniel M. Van Cleave, *Fundamentos de Teología Pentecostal* (Editorial Desafío y Foursquare Media, 2006), 102.

119 *Ibid,* 103.

Juan el Bautista, precursor de Jesús.[120] Después, el ángel anunció a María que ella daría a luz un niño que sería el Hijo del Altísimo y que dicho alumbramiento ocurriría por el Espíritu (Lucas 1.26-37).[121]

Como señalan Duffield[122] y Van Cleave,[123] la doctrina del nacimiento virginal de Jesucristo es sumamente importante, ya que si Jesús hubiera nacido de un padre natural, hubiera heredado la naturaleza adánica de la raza humana y su muerte no hubiera podido sustituirnos. Si el Señor hubiera nacido por intervención de varón, él no hubiera sido infinito ni hubiera podido morir por los pecados del mundo. Así, negar el nacimiento milagroso y virginal de Jesucristo es negar la deidad de Jesús y todo aspecto milagroso del cristianismo.

LAS MOTIVACIONES DE JESUCRISTO AL TOMAR UNA NATURALEZA HUMANA

¿Qué fue lo que motivó al Verbo de Dios a dejar la gloria y comunión eterna de los Cielos y venir a este mundo sufriente en forma de hombre? El apóstol Pablo otorga la respuesta al decir:

---

120 Ver Lucas 1.11-19.

121 Guy P. Duffield y Nathaniel M. Van Cleave, *Fundamentos de Teología Pentecostal* (Editorial Desafío y Foursquare Media, 2006), 103.

122 Guy P. Duffield (1909-2000) fue un pastor, maestro y teólogo con más de 50 años de ministerio en Estados Unidos. Dentro de sus obras más reconocidas se encuentran *Fundamentos de Teología Pentecostal, Predicación Pentecostal* y *Manual de Tierras Bíblicas.*

123 Nathaniel M. Van Cleave (1907-2002) fue un pastor, maestro, misionero, teólogo y predicador expositivo. Fue parte del gran despertar del movimiento pentecostal en Estados Unidos en las primeras décadas del siglo XX. Además de *Fundamentos de Teología Pentecostal*, el Dr. Van Cleave escribió *Manual de Predicación* (en su título en inglés, *Handbook of Preaching).*

> [...] Cristo Jesús vino al mundo para salvar a los pecadores, de los cuales yo soy el primero.
>
> 1 TIMOTEO 1.15 (RVC)

Dios prometió a Abraham una bendición sobre su simiente y, a través de su simiente, una bendición sobre todas las naciones. En Gálatas 3.16, el apóstol Pablo interpreta la promesa sobre la simiente de Abraham como una promesa cumplida en Cristo Jesús.

Jesucristo nació para morir en rescate por la humanidad. Él vino a dar su vida en sacrificio perfecto por los pecados del mundo a fin de reconciliar al hombre con Dios haciendo la paz entre ambos mediante la sangre de su cruz (Colosenses 1.20). Vino a revelar la naturaleza de la verdadera humanidad, aquella que se había perdido con la caída del huerto del Edén. En otras palabras, el Señor vino a revelarnos lo que en verdad significa *ser humano.*

A continuación, veremos diferentes implicancias de la encarnación de Cristo:

SU HUMANIDAD IMPLICA SU TAREA COMO EL REVELADOR DE DIOS: Cristo Jesús vino al mundo para revelar el eterno propósito de Dios: salvar, reconciliar y restaurar a la humanidad, tal y como lo expresa Génesis 1.26-31. En Juan 3.16 leemos, "de tal manera amó Dios al mundo que dio a su Hijo unigénito para que todo el que crea en Él tenga vida eterna". Jesús reveló al mundo el amor y las intenciones salvíficas del Padre. Así lo expresa el apóstol Pablo en su segunda carta a los Corintios:

> Y todo esto proviene de Dios, quien nos reconcilió consigo mismo por Cristo, y nos dio el ministerio de la reconciliación; que Dios estaba en Cristo reconciliando consigo al mundo, no tomándoles en cuenta a los hombres sus pecados, y nos encargó a nosotros la palabra de la reconciliación.
>
> 2 CORINTIOS 5.18-19

En su dialogo con Felipe, el Señor Jesús les declaró a sus discípulos que cualquiera que lo hubiera visto a él había visto al Padre. Jesús fue, como lo señalan sus mismas palabras, el "revelador del Padre" (Juan 14.8-9). En palabras de Albert Barnes:

> Dios Padre se ha manifestado o revelado a la humanidad en la encarnación, las obras y las enseñanzas de Jesucristo a fin de que aquellos que lo hayan visto o escuchado puedan decir que han visto y escuchado a Dios.[124]

La unión íntima del Padre y el Hijo se demuestran también en los siguientes pasajes de los Evangelios: Juan 1.18; Lucas 10.22; Mateo 11.27; Juan 5.19-20 y 10.38.

SU HUMANIDAD SIGNIFICA QUE TOMÓ LA NATURALEZA HUMANA CON EL OBJETO DE GLORIFICARLA: El Verbo se hizo carne con el objeto de glorificar la naturaleza humana caída y adaptarla, mediante su obra redentora y de salvación, a su destino celestial. Así lo señala el apóstol Pablo en el pasaje

---

124 Albert Barnes, *Barnes" Notes on the New Testament* (Kregel Classics; 8va Edición, 1962). [Módulo e-Sword].

conocido comúnmente como la "*Kénosis* de Jesucristo", es decir, el vaciamiento de Jesucristo (Filipenses 2.5–11).[125]

El Hijo de Dios se convirtió en el Hijo del Hombre con el objeto de que los hijos de los hombres pudieran convertirse en hijos de Dios[126] (Juan 1.12). Así, nuestro destino es llegar a ser como él (1 Juan 3.2) y participar de la resurrección de los muertos y, que, en el fin de los tiempos, nuestros cuerpos lleguen a ser *semejantes* al cuerpo glorioso del Señor Jesucristo (Filipenses 3.21; 1 Corintios 15.45-49).

SU HUMANIDAD PERMITIÓ QUE SE OFRECIERA COMO SACRIFICIO EXPIATORIO POR LOS PECADOS DE LA HUMANIDAD: Como señala Myer Pearlman:

> El obstáculo de la humanidad en el camino de la perfección fue el pecado, que en el comienzo privó a Adán de la gloria de la justicia original. Con el objeto de librarnos del poder y la culpabilidad del pecado, el Hijo de Dios murió en la cruz, realizando de esta manera el sacrificio expiatorio.[127]

En la antigüedad, siguiendo las directivas divinas establecidas en la Torah, Israel ofrecía a Dios sacrificios de animales para perdón y expiación de los pecados del pueblo. El mismo libro de Levítico[128] comienza con esta norma ritual por medio de la

---

125 *Kénosis* (del gr. κένωσις), es un vocablo griego derivado del verbo κενόω (transl. *kenoō*) que significa "vaciar", siendo éste el verbo empleado por el apóstol Pablo al describir la humillación de la encarnación de Cristo Jesús en Filipenses 2.7.

126 Myer Pearlman, *Teología Bíblica y Sistemática* (Editorial Vida, 1992), 112.

127 *Ibid.*

128 "El tercer libro del Pentateuco recibe el nombre *Vayikra* ("y Él llamó") en la Torah, siendo la primera palabra con la cual comienza el libro. En la Mishná se lo denomina de diferentes maneras: "Ley de los Sacerdotes", "Libro de los

cual Israel podía acceder al perdón y la misericordia de Dios (Levítico 1.1-17).

A fin de obtener el perdón de sus ofensas, cada israelita debía presentar ante el altar del sacrificio infinidad de ofrendas a lo largo de su vida, cumpliendo con los requisitos y las ordenanzas rituales y litúrgicas establecidas en la Ley del Sinaí. De esta manera, el libro de Levítico requiere cinco tipos de ofrendas. Cada una de estas ofrendas, llamadas las "ofrendas mayores", servían a diferentes fines:[129]

- **OFRENDAS QUEMADAS O LA "LEY DEL HOLOCAUSTO":** Su énfasis eran las oraciones petitorias y la alabanza (Levítico 1; 6.8-13).

- **OFRENDAS EN GRANOS O LA "LEY DE LA OFRENDA":** Estas enfatizaban el "aroma grato a Yahweh" (Levítico 2; 6.14-23).

- **OFRENDAS DE PAZ O LA "LEY DEL SACRIFICIO DE PAZ":** Estas enfatizaban la comunión con el Señor por medio de la cena (Levítico 3; 7.11-36).

- **OFRENDAS POR EL PECADO O LA "LEY DEL SACRIFICIO EXPIATORIO":** Se centraban en el perdón y la expiación de los pecados cometidos. Eran una metáfora para la purificación (Levítico 4.1-5.13; 6.24-30).

Sacerdotes", "Ley de las Ofrendas", siendo todos estos nombres referencias a su contenido. En la LXX se lo llama *Levitikon* ("El Libro"). En la Vulgata figura como *Leviticus* ("Libro") y la Peshitta lo llama "Libro de los Sacerdotes". El nombre "Levítico" indica claramente que el libro se ocupa del culto". *Nuevo Diccionario Bíblico Certeza* (Editorial Certeza Argentina, 2009). [Módulo e-Sword].

[129] ESV Study Bible, *Five Major Offerings on Leviticus Chart* (Crossway, 2008), 217.

- **OFRENDAS POR LA CULPA O LA "LEY DEL SACRIFICIO POR LA CULPA":** Enfatizaban, también, el perdón de los pecados cometidos, pero aquí la metáfora era la restitución o compensación por el mal habido (Levítico 5.14-6.7; 7.1-10).

La tipología presentada en el libro de Levítico encuentra su cumplimiento en Cristo Jesús quien, de acuerdo a las Escrituras, se presentó una sola vez y para siempre como sacrificio vivo, santo y agradable a Dios por toda la raza humana. Tanto las cinco leyes de ofrendas presentadas, como también el compendio de toda la Ley y su justicia se cumplieron en él. Jesús llevó en su cuerpo todos los pecados, las maldades y las enfermedades del ser humano para que, por medio de su sangre, los creyentes pudieran recibir el perdón, la salvación, la restauración y la sanidad total y definitiva de sus almas (Hebreos 9.26-28).

SU HUMANIDAD IMPLICA SU OBEDIENCIA REPRESENTATIVA: Tanto la naturaleza humana de Jesucristo como su vida de perfecta obediencia a Dios y su victoria sobre toda tentación, como su muerte sustitutiva, lo hace ser el representante obediente de la humanidad ante el Padre. Romanos 5.18-19 lo declara con las siguientes palabras:

> Así que, como por la transgresión de uno vino la condenación a todos los hombres, de la misma manera por la justicia de uno vino a todos los hombres la justificación de vida. Porque así como por la desobediencia de un hombre los muchos fueron

> constituidos pecadores, así también por la obediencia de uno, los muchos serán constituidos justos.
>
> ROMANOS 5.18-19

Pablo entiende en este pasaje que "la transgresión de uno" refiere al pecado de Adán, cabeza de la humanidad caída, y que "la justicia de uno" refiere a toda la obra de Cristo, Cabeza de la humanidad redimida (la Iglesia). La justicia de Cristo Jesús es considerada por el apóstol la base de la justificación del creyente. Esta justicia se expresó a sí misma también en un acto justo que fue la muerte vicaria de Cristo, el acto redentor que anuló aquel acto ruin de Adán. Pero esto no limita la justicia del Señor Jesucristo, ya que Pablo está haciendo referencia a toda la obediencia de Cristo hasta su misma muerte que es considerada doctrinalmente la única base meritoria que anula la condenación que vino por Adán.[130]

De esta manera, la obediencia de Cristo Jesús debe ser considerada tanto activa como representativa. "Activa" ya que esta obediencia se refiere a la obra entera de Cristo en su carácter obediencial hasta su muerte. Y "representativa", ya que, por medio de la misma, los creyentes que ponen su fe en él son constituidos (término judicial) justos por su conexión con Cristo y dejan de ser considerados pecadores por su relación con Adán. La humanidad que antes había sido arruinada y estaba perdida por el pecado ahora es restablecida y salvada por la justicia de Cristo.[131] Aquellos que acepten este sacrificio expiatorio y coloquen su fe en Cristo Jesús alcanzarán misericordia y salvación.

---

[130] Robert Jamieson, A.R. Fausset y David Brown, *Comentario Exegético y Explicativo de la Biblia* (Casa Bautista de Publicaciones). [Módulo e-Sword].

[131] *Ibid.*

SU HUMANIDAD PERMITIÓ SU SACRIFICIO SUSTITUTIVO Y SUS OFICIOS COMO SUMO SACERDOTE Y MEDIADOR EFECTIVO: Debido a su humanidad, Jesucristo puede ser el sacrificio sustitutivo para la humanidad. Cuando Jesús murió en la cruz, murió como hombre, por lo cual su muerte puede expiar el pecado de los seres humanos, aquellos con los cuales él comparte su naturaleza.[132] Así lo declara la carta a los Hebreos:

> Por lo cual debía ser en todo semejante a sus hermanos, para venir a ser misericordioso y fiel sumo sacerdote en lo que a Dios se refiere, para expiar los pecados del pueblo.
>
> HEBREOS 2.17

A fin de salvar a la humanidad, Jesucristo debió asumir la condición humana con todas sus aflicciones. Por su experiencia se hizo apto para ser el Sumo Sacerdote compasivo y misericordioso de los creyentes. Como el Sumo Sacerdote de su pueblo, el Señor Jesucristo entendía completamente la difícil situación de la humanidad en un mundo caído.[133] Así lo señala Hebreos 2.18 y 4.15-16. Su oficio como Sumo Sacerdote, establecido sobre su humanidad y obediencia perfecta, se amplía al ser reconocido en las Escrituras como el único mediador efectivo entre Dios y el hombre. Su naturaleza divina y su naturaleza humana le permitieron pararse en la brecha entre los seres humanos caídos y el Santo Dios y hacer la paz mediante su sangre (1 Timoteo 2.5; Colosenses 1.20).

---

[132] ESV Study Bible. *"Biblical Doctrine: An Overview - Implications of the Humanity of Christ"* (Crossway, 2008), 2518.

[133] *Ibid.*

SU HUMANIDAD ES EL MODELO A SEGUIR POR CADA CREYENTE: Por último, la naturaleza humana del Señor Jesucristo significa que él es un verdadero ejemplo y modelo a seguir para los creyentes en cuanto a carácter y conducta.[134] El apóstol Pablo enseñó que el fin de la vida cristiana es seguir a Jesucristo, es decir, llegar a ser su discípulo. De esta manera el creyente buscará férreamente, por medio de la obra del Espíritu en su vida, cumplir todo lo que el Señor mandó, imitando también todo lo que él hizo. Pablo lo expresó de la siguiente manera: "Sed imitadores de mí, así como yo de Cristo" (1 Corintios 11.1). El mismo Señor Jesucristo, momentos antes de su muerte, mandó a sus discípulos que imitasen su ejemplo y conducta aun cuando él ya no estuviese presente visiblemente:

> Porque les he puesto el ejemplo, para que lo mismo que yo he hecho con ustedes, también ustedes lo hagan. De cierto, de cierto les digo: El siervo no es mayor que su señor, ni el enviado es mayor que el que le envió. Si saben estas cosas, y las hacen, serán bienaventurados.
>
> JUAN 13.15-17 (RVC)

El escritor a los Hebreos señala que Jesús es el modelo a seguir. El creyente debe imitar la obediencia del Señor, su fe, su paciencia y perseverancia en las pruebas y tentaciones. Los hijos e hijas de Dios deben posar sus ojos en el Hijo de Dios para imitarlo y obedecerlo (Hebreos 12.2).

También, tanto el apóstol Pedro como Juan establecen que Jesucristo es el único ejemplo a seguir y que el creyente que

---

[134] *Ibid.*

quiera agradarle deberá andar como él anduvo y seguir sus pisadas (1 Pedro 2.21; 1 Juan 2.6).

PRUEBAS BÍBLICAS DE LA NATURALEZA HUMANA DEL SEÑOR JESUCRISTO

El relato de los Evangelios correspondiente a la vida y obra de Jesucristo demuestra claramente que el Señor fue tanto Dios como hombre. Su humanidad es completa, tanto en espíritu, como en alma y en cuerpo. Nos explayaremos a continuación en lo que esto significa.

JESUCRISTO POSEÍA UN ESPÍRITU: A fin de entender este concepto es necesario citar tres casos en los cuales los evangelistas presentan el espíritu humano de Jesucristo:

- **JUAN 11.33:** "Jesús entonces, al verla llorando, y a los judíos que la acompañaban, también llorando, se estremeció en espíritu y se conmovió".

- **JUAN 13.21:** "Habiendo dicho Jesús esto, se conmovió en espíritu, y declaró y dijo: De cierto, de cierto os digo, que uno de vosotros me va a entregar".

- **LUCAS 23.46:** "Entonces Jesús, clamando a gran voz, dijo: Padre, en tus manos encomiendo mi espíritu. Y habiendo dicho esto, expiró".

En el texto de Juan 11.33 el apóstol describe las emociones del Señor ante un cuadro desgarrador: la muerte de su amigo

Lázaro y la profunda tristeza de su familia y de toda su comunidad. El Señor se estremeció en su espíritu y por ende se conmovió (en su alma, en sus emociones) y lloró (la exteriorización de las emociones contenidas su cuerpo; v. 35). Sin dudas, Jesús tenía un espíritu humano y también comprendía y experimentaba el dolor por la pérdida de un ser querido.

El comentarista William Barclay introduce una interpretación peculiar del pasaje al señalar:

> Para cualquier griego que leyera esto, y debemos recordar que fue escrito para los de cultura griega, esta sería una descripción sorprendente e increíble. Juan había escrito todo su evangelio sobre el tema de que en Jesús vemos la mente de Dios.[135] Para los griegos, la principal característica de Dios era lo que llamaban *apatheía*, que quiere decir la absoluta incapacidad de sentir cualquier emoción. ¿Cómo llegaron los griegos a atribuirle a Dios tal característica? Lo razonaban de la siguiente manera. Si podemos sentir pena o gozo, alegría o tristeza, eso quiere decir que algo fuera de nosotros nos puede afectar. Ahora bien, si una persona o cosa nos afecta, eso quiere decir que, a lo menos por un momento, tiene poder sobre nosotros. Nada ni nadie puede tener un efecto así sobre Dios; y eso quiere decir que Dios es esencialmente incapaz de sentir absolutamente ninguna emoción. Los griegos creían en un Dios aislado, desapasionado e impasible. ¡Qué imagen tan distinta nos

---

[135] La palabra "espíritu" en griego es πνεῦμα (transl. *pneuma)* y sirve a los fines de describir el "espíritu humano, el alma racional (es decir, la *mente*), el principio vital, la disposición mental".

da Jesús de Dios! Nos presenta a un Dios cuyo corazón se estruja de angustia por la angustia de su pueblo. Lo más grande que hizo Jesús fue traernos la noticia de un Dios que no es insensible.[136]

JESUCRISTO POSEÍA UN ALMA: La mayoría de los eruditos bíblicos y teólogos contemporáneos dividen el alma en tres partes, siguiendo la concepción platónica clásica: mente, voluntad y emociones.[137] En religión y filosofía el "alma" es definida como el aspecto inmaterial o la esencia de un ser humano, que le confiere individualidad y humanidad, considerada a menudo como sinónimo de la mente y el *yo*. En teología, el alma es definida como esa parte del individuo que participa de la divinidad y que sobrevive, como se la considera a menudo, a la muerte del cuerpo.

Por su parte, en las Escrituras tanto el alma como el espíritu son definidos como los dos aspectos inmateriales y primarios de la humanidad. La palabra "espíritu", como se ha señalado en el punto anterior, se refiere solo a la faceta inmaterial de la humanidad, que permite la comunicación con el mundo espiritual. Por ello se entiende que los seres humanos tienen un espíritu, pero que no son espíritus. Por otra parte, la palabra "alma" puede referirse tanto al aspecto inmaterial como

---

[136] William Barclay, *William Barclay: Comentario al Nuevo Testamento* (Editorial Clie, 1995). [Módulo e-Sword].

[137] Platón estableció que el alma consta de tres partes (o tres funciones): la razón, el corazón y el deseo (mente, emociones y voluntad). En sus escritos Platón también llama a esta división como: el alma racional (razón), el alma irascible (voluntad) y el alma concupiscible (pasiones y deseos más vinculados al cuerpo), y que se vinculan metafóricamente con la cabeza, el pecho (el corazón) y el vientre (el hígado) respectivamente. Finalmente, Platón relaciona en sus obras estas tres áreas o virtudes con las tres clases sociales que constituyen la *polis* justa. *Diccionario de Filosofía Herder*. "Platón", *La República,* Libro IV. [Software].

material de los seres humanos. Si bien los seres humanos tienen un espíritu no son espíritus, son almas. Así, en su sentido más básico, la palabra "alma" significa "vida", tal y como se observa en Génesis 2.7 en donde Dios sopló aliento de vida sobre Adán, por lo cual se convirtió en un ser viviente.

Los Evangelios prueban que Jesucristo tuvo un alma humana, que definió su personalidad, individualidad, carácter y emociones. Siguiendo la división platónica clásica del alma, el Señor Jesucristo demostró tener un alma completamente humana, conformada por una mente, voluntad y emociones, también humanas, que coexistían con su mente, voluntad y emociones divinas.[138]

JESUCRISTO POSEÍA UN CUERPO: El hecho de que Jesucristo posea un cuerpo humano es el fundamento elemental, primario y más importante de su humanidad. Este hecho no puede negarse si se consideran las pruebas presentadas por los Evangelios. El apóstol Juan, defendiendo la unión hipostática de las dos naturalezas de Jesucristo en una sola persona, aún ante los ataques doctrinales de los gnósticos, comienza su Evangelio señalando que el Verbo de Dios, Jesucristo, se hizo carne:

> Y aquel Verbo fue hecho carne, y habitó entre nosotros (y vimos su gloria, gloria como del unigénito del Padre), lleno de gracia y de verdad.
>
> JUAN 1.14

---

[138] Entendiendo a Dios como impasible pero no carente de emociones.

En el original griego la palabra "carne" empleada por Juan es σὰρξ (transl. *sarx)* que significa "carne", "cuerpo" (como opuesto al alma, o espíritu), "cuerpo" (como símbolo de lo que es externo o como el medio del parentesco), por implicación: "naturaleza humana" (con sus debilidades —físicas o morales— y pasiones), y, específicamente "ser humano".[139]

Por otro lado, la epístola del apóstol Pablo a los Romanos corrobora el hecho de que Jesús posee un cuerpo humano estipulando su conexión con David y los patriarcas de Israel mediante su línea de sangre (Romanos 1.3; 9.5).

Jesucristo tiene un cuerpo que, durante su vida terrenal y antes de su resurrección, participó de todas las limitaciones y debilidades físicas y temporales propias del cuerpo humano. Luego de su resurrección, las Escrituras nos muestran al Señor participando de la gloria y el poder de la resurrección,[140] su cuerpo es transformado a un estado glorioso, lo que algunos teólogos han dado en llamar su "cuerpo glorificado".[141] El apóstol Pablo señala que los creyentes participarán de esta transformación cuando el Señor Jesucristo regrese a la tierra en todo su poder y gloria (Filipenses 3.20-21). Si bien el cuerpo del Señor fue glorificado luego de su resurrección, el mismo continúa siendo humano.

El testimonio del apóstol Juan acerca del cuerpo material de Jesucristo (1 Juan 1.1: "lo que hemos oído, visto, contemplado y palpado") reviste tal importancia doctrinal que el discípulo

---

139 James Strong, *Strong's Hebrew and Greek Dictionaries. Dictionaries of Hebrew and Greek Words taken from Strong's Exhaustive Concordance by James Strong, S.T.D., LL.D., 1890.* [Módulo e-Sword].

140 Comparar con Filipenses 3.10.

141 Este concepto teológico forma parte esencial de la llamada doctrina de Resurrección de Muertos que encuentra sus fundamentos en numerosos pasajes de las Escrituras, pero esencialmente en 1 Corintios 15. Ver especialmente 1 Corintios 15.35-50; 2 Corintios 5.2-4 y Filipenses 3.21.

amado del Señor llega a afirmar que cualquier persona que niegue que Jesucristo tiene un cuerpo humano (es decir, que ha venido en carne) debe ser considerada un falso hermano, un engañador y un anticristo (ver 1 Juan 1.1-3; 4.1-3; 2 Juan 7).

A su vez, el nacimiento, el crecimiento y el desarrollo psicomotriz de Jesús son pruebas factibles de su humanidad (ver Lucas 2.7, 40, 52). En este sentido, los Evangelios muestran al Hijo del Hombre sufriendo y experimentando las debilidades y limitaciones propias de la carne:

- **HAMBRE:** Ver Mateo 4.2, comparar con Lucas 4.2; Mateo 21.18; Marcos 11.12.
- **SED:** Ver Juan 4.7 y 19.28.
- **CANSANCIO:** Ver Juan 4.6.
- **SUEÑO:** Ver Mateo 8.24.
- **DEBILIDAD FÍSICA:** Ver Mateo 4.11 y Lucas 23.26.

OTRAS PRUEBAS QUE CORROBORAN SU HUMANIDAD: Además de lo mencionado anteriormente, los Evangelios muestran diferentes situaciones comunes a todos los seres humanos y de las cuales participó Jesús, entre ellas la tentación. Aquí es importante destacar que la tentación es una experiencia propia de todos los hombres desde el mismo momento de la caída de Adán en el Edén. Así, el Señor Jesús fue expuesto a la tentación y, como se narra en los Evangelios, triunfó poderosamente sometiendo su voluntad humana a la voluntad divina en todo momento (Mateo 4.1-11; comparar con Lucas 4.1-13).

A su vez, la Escrituras muestran que Jesucristo, al asumir la naturaleza humana, pareció tener limitaciones en cuanto al conocimiento de ciertas cosas (Mateo 21.18-19; Marcos 11.12-

14; comp. Marcos 13.32) y también vivió en el marco de los conceptos físicos de tiempo y espacio (Juan 11.21-32).

Finalmente, el hecho de que Jesucristo muriese en la cruz del Calvario es, al igual que su nacimiento, prueba indubitable de su humanidad. En su Evangelio, Lucas señala que Jesús, sin lugar a dudas, murió en la Cruz:

> En ese momento Jesús clamó a gran voz, y dijo: «Padre, en tus manos encomiendo mi espíritu.» Y después de haber dicho esto, expiró.
>
> LUCAS 23.46 (RVC)

Tanto Lucas como Juan indican que luego de su resurrección, y ya ostentando un cuerpo glorificado, el Señor presentó su cuerpo a los discípulos para que estos le reconocieran (Lucas 24.39; Juan 20.20, 27).

En conclusión, Jesucristo es para siempre Dios y Hombre, el Verbo Divino que se hizo carne, como lo expresa el apóstol Juan. El Hijo de Dios que tomó forma de siervo convirtiéndose para siempre en el Hijo del Hombre, que vino al mundo para salvar a los hombres de sus pecados. El Señor Jesucristo se hizo completamente hombre a fin de salvar completamente al hombre.

CAPÍTULO 5

MUERTE Y RESURRECCIÓN DE JESUCRISTO

> En efecto, si hemos estado unidos con él en su muerte, sin duda también estaremos unidos con él en su resurrección.
>
> ROMANOS 6.5 (NVI)

TANTO EL NACIMIENTO MILAGROSO Y SOBRENATURAL DEL Señor Jesucristo, como su vida, incluyendo sus obras, señales, portentos y enseñanzas, encuentran el punto más alto en su muerte y resurrección. Ambos sucesos sellan y cumplen el propósito divino por el cual el Verbo de Dios se hizo carne y vino al mundo.

Así lo establece el apóstol Pablo al señalar en la primera carta a los Corintios que la muerte y la resurrección de Jesucristo son los eventos sobresalientes, las doctrinas centrales del Nuevo Testamento y los cimientos elementales de la fe:

> Ahora, hermanos, quiero recordarles el evangelio que les prediqué, el mismo que recibieron y en el cual se mantienen firmes. Mediante este evangelio son salvos, si se aferran a la palabra que les prediqué. De otro modo,

habrán creído en vano. Porque ante todo les transmití a ustedes lo que yo mismo recibí: que Cristo murió por nuestros pecados según las Escrituras, que fue sepultado, que resucitó al tercer día según las Escrituras.

1 CORINTIOS 15.1-4

REFERENCIAS BÍBLICAS ACERCA DE LA MUERTE DE JESUCRISTO

El cristianismo es diferente de toda otra religión, ya que la mayoría de las religiones se basan en la grandeza de la vida y enseñanza de aquellos que la fundaron, mientras que el cristianismo está centrado en Jesucristo, su vida y, especialmente, su muerte en el Gólgota.

La Biblia ofrece una gran cantidad de referencias acerca de este hecho central. En el Antiguo Testamento la muerte de Cristo fue prevista a través de *profecías y tipos y sombras* (símbolos o figuras de la muerte de Cristo). A continuación, veremos algunas de estas profecías, tipos y sombras con sus correspondientes referencias bíblicas.

PROFECÍAS SOBRE LA MUERTE DE CRISTO

- **EL PROTOEVANGELIO DE GÉNESIS 3.15:** Aquí se anuncia el nacimiento de Jesús ("simiente de la mujer") y, también, su muerte en la cruz ("tú —la serpiente— le herirás en el calcañar —talón—").
- **LA ESCENA DE LA CRUCIFIXIÓN:** Ver Salmos 22.1.
- **EL SUFRIMIENTO VICARIO DEL MESÍAS:** Ver Isaías 53.3-12.

- **EL MESÍAS PERDERÁ SU VIDA:** Ver Daniel 9.26.
- **EL PASTOR HERIDO:** Ver Zacarías 13.6-7.

TIPOS Y SOMBRAS DE LA MUERTE DE CRISTO

- **LAS TÚNICAS DE PIELES:** Ver Génesis 3.21.
- **LA OFRENDA DE ABEL:** Ver Génesis 4.4.
- **LA OFRENDA DE ISAAC:** En Génesis 22.2, Dios ordena a Abraham que sacrifique a su hijo.
- **EL CORDERO DE LA PASCUA:** Ver Éxodo 12.3–5.
- **EL SISTEMA DE SACRIFICIOS:** Ver Levítico 1-7.
- **LA SERPIENTE DE BRONCE:** Ver Números 21; Juan 3.14.

Según R.A. Torrey,[142] en el Nuevo Testamento, la muerte de Jesucristo es mencionada directamente más de 175 veces. Dado que el Nuevo Testamento contiene aproximadamente 7.957 versículos, se podría decir que uno de cada 45 versículos se refiere al tema.

Por su parte, Henry Thiessen destaca la importancia de los padecimientos y la muerte de Cristo en el texto del Nuevo Testamento y señala:

> La última semana de la vida terrenal de nuestro Señor representan cerca de una quinta parte de las narraciones de los cuatro Evangelios.[143]

---

[142] R.A. Torrey (1856-1928), fue un evangelista y maestro bíblico norteamericano. Graduado del Yale College and Seminary, en 1878 fue ordenado al ministerio congregacional y tiempo después se convirtió en el primer superintendente del reconocido Instituto Bíblico Moody (1889-1908) Escribió numerosos tratados, devocionales y libros teológicos.

[143] Henry C. Thiessen, *Lectures in Systematic Theology* (Wm. B. Eerdmans, 2006), 230.

Las siguientes son algunas de las más importantes referencias acerca de la muerte de Cristo Jesús presentadas en el Nuevo Testamento:

- Jesús compartió la naturaleza humana "para anular, mediante la muerte, al que tiene el dominio de la muerte —es decir, al diablo" (Hebreos 2.14, NVI).

- El Señor apareció para quitar los pecados de los creyentes (1 Juan 3.5).

- Vino para dar su vida en rescate por muchos (Mateo 20.28).

Finalmente, Thiessen también menciona la relación existente entre la encarnación y la muerte del Señor Jesucristo:

> Su muerte no fue una reflexión o un accidente, sino el logro de un propósito divino en conexión con la encarnación. La encarnación no es el fin en sí mismo; es sólo el medio para el fin, y ese fin es la redención de los perdidos a través de la muerte del Señor en la Cruz.[144]

LA IMPORTANCIA DE LA MUERTE EXPIATORIA DE CRISTO JESÚS

En la antigüedad y según las ordenanzas establecidas por Dios desde la primera Pascua en Egipto (Éxodo 12.3-5), la expiación de los pecados del pueblo de Israel presuponía el sacrificio y el

---

144 *Ibid.*

derramamiento de la sangre de un animal *perfecto*. Cuando los sacerdotes aplicaban sobre el altar de bronce la sangre de los animales ofrecidos en sacrificio, los israelitas tenían la confirmación de que la promesa de justificación hecha a sus antepasados se cumpliría para ellos también (Éxodo 12.13).

En este marco, la muerte de Cristo fue una muerte *expiatoria* porque quitó o deshizo el pecado del ser humano, borrando a su vez sus culpas.[145] Como lo señalan tanto el apóstol Pedro como el apóstol Pablo, fue una muerte sacrificial con relación al pecado de la humanidad (1 Pedro 2.24; 2 Corintios 5.21).

EL SIGNIFICADO DE LA MUERTE EXPIATORIA DE CRISTO JESÚS

Jesucristo nació para cumplir una misión: dar su vida en rescate por muchos.[146] Su propósito fue cumplir la voluntad del Padre que lo envió[147] y concretar su obra salvífica por medio de su muerte *expiatoria* y *vicaria* (sustitutiva) y también mediante su resurrección. Él es la simiente de la mujer y la simiente de Abraham; el portador y el cumplidor de todas las promesas dadas a los patriarcas y a los profetas de antaño.

Desde la caída en el Edén, la voluntad divina ha sido la reconciliación del hombre con Dios y la salvación del justo por medio de la fe. En su soberana y buena potestad, Dios estableció que la salvación se diera por medio de la Ley del Sinaí, también llamada *Ley de los Sacrificios*. Por medio de la Ley, los israelitas se acercaban al tabernáculo de reunión a ofrecer su ofrenda para *expiación de sus pecados*. Este es el marco de la

---

145 Ver Hebreos 9.26, 28; 2.17; 10.12-14; 9.14.
146 Ver Mateo 20.28; Marcos 10.45.
147 Ver Juan 4.34; 6.38-39.

obra que Jesucristo realizó en favor de la humanidad: la ofrenda de su vida para la expiación de los pecados de su pueblo. El profeta Juan el Bautista dijo de Jesús: "He aquí el Cordero de Dios, que *quita* el pecado del mundo".[148] Esta es una mención directa a los términos rituales levíticos establecidos en el Sinaí. La muerte de Jesucristo en la cruz del Calvario es *expiación de pecados* para todo aquel que cree en él.

Como podemos observar en el análisis etimológico, el verbo *expiar* y su forma sustantiva *expiación* poseen un marcado origen hebreo. Estas formas ocurren en el Nuevo Testamento únicamente[149] en el pasaje de Hebreos 2.17, en donde sirven a los fines de explicar el supremo sacrificio de Jesucristo en la cruz. A través de su muerte el Señor obtuvo para todos los creyentes el perdón de pecados y la reconciliación con Dios de una vez y para siempre.

Por su parte, el Diccionario de la Real Academia Española define *expiación* como la "acción y el efecto de expiar", entendiendo por esto: 1. "borrar las culpas, purificarse de ellas por medio de algún sacrificio; 2. "dicho de un delincuente: sufrir la pena impuesta por los tribunales"; 3. "padecer trabajos a causa de desaciertos o malos procederes"; 4. "purificar algo profanado, como un templo".[150] De este modo, tanto el análisis etimológico de los términos bíblicos originales como el desarrollo conceptual y gramatical del vocablo encuentran sus puntos de contacto en palabras como *purificación, sufrir una pena o castigo y borrar culpas.*

---

148 Ver Juan 1.29.

149 Comparar con "propiciación" en Romanos 3.25; 1 Juan 2.2; y 4.10.

150 Diccionario de la Real Academia Española. *Expiación y Expiar.* Vigésima Segunda Edición. [En línea] <http.//lema.rae.es/drae/>.

Si bien el término *expiación* encuentra su marco teórico en el Antiguo Testamento, en el Nuevo la palabra es reemplazada por otros términos que comparten su significado: *aplacamiento, reconciliación, purificación, limpieza,* entre otros. La estructura de la doctrina referente a la salvación en el marco de la Ley mosaica se sostenía sobre la base de la presentación de ofrendas y sacrificios personales y comunitarios que tenían como fin la expiación de las transgresiones individuales de los hombres[151] y la expiación de los pecados de la nación.[152] Cuando la persona que traía la ofrenda imponía sus manos, los pecados eran transferidos al animal empleado para dicho sacrificio y éste era matado como el sustituto. La expiación proveía un *encubrimiento* de la culpa del pecador. Por medio de este acto se "ocultaba" de la vista de Dios el pecado cometido, a fin de que perdiera el poder de provocar su ira, tal y como se señala en Salmos 51.9; Isaías 38.17 y Miqueas 7.19. La expiación también presuponía, en su significado original, no solo la acción de cubrir los pecados sino también al pecador (Levítico 4.20).

Alfred Cave[153] ofrece la siguiente perspectiva acerca de las implicancias de la expiación:

> La idea expresada por el vocablo original hebreo que se tradujo como *expiación* era la de *cubrir* y *cubierta*, no en el sentido de hacer que algo quede invisible para Jehová, sino en el sentido de hacer que Jehová fije o concentre la atención en alguna otra cosa, de neutralizar el pecado,

[151] Ver Levítico 6.1-7.

[152] Ver Levítico 4.13–20.

[153] Alfred Cave (1847-1900), es reconocido en el campo de la teología como el autor de la *Doctrina Escritural del Sacrificio.* A lo largo de su vida demostró sostener una fuerte inclinación hacia la escuela teológica alemana de su época, llegando a traducir diversas obras al idioma inglés.

> por así decirlo, de desarmarlo, de convertirlo en incapaz de provocar la justa ira de Dios.[154]

En el Nuevo Testamento, la palabra *expiación* amplía su significado dado que en Cristo Jesús los creyentes somos *perdonados* y nuestros pecados no solo son *encubiertos*, sino completamente *removidos* de nuestras vidas, como lo declara Hebreos 10.1-22. Los conceptos sobre *expiación* provistos con anterioridad recobran importancia al ser observados en la muerte vicaria del Cordero de Dios. Como señala Myer Pearlman:

> El expiar por el pecado significa cargar con él, quitarlo del corazón del transgresor, quien queda entonces justificado de toda injusticia, limpio de contaminación y santificado para pertenecer al pueblo de Dios. Muere para el pecado, con el objeto de vivir para Cristo.[155]

EL ACTO DE EXPIACIÓN DE JESUCRISTO: SUS PADECIMIENTOS, MUERTE Y SEPULTURA

El imaginario popular latinoamericano —influenciado quizás por la imaginería del Catolicismo Romano— suele relacionar a Jesucristo solo con la cruz y con su sufrimiento físico, rebajando la importancia de la gloria de su resurrección, su ascensión y la impartición del Espíritu Santo. Este es, sin lugar a dudas, un cuadro incompleto de la obra expiatoria de nuestro Salvador. Todos los actos llevados a cabo por el Señor durante

---

154 Myer Pearlman, *Teología Bíblica y Sistemática* (Editorial Vida, 1992), 144.
155 *Ibid,* 145.

los días de su encarnación y todas sus enseñanzas giraron en torno a la restauración de la comunión del ser humano con el Padre, es decir, la reconciliación del hombre con Dios por el puro afecto de la voluntad del Padre. Así lo expresa el apóstol Pablo en Efesios 1.4-7. El plan salvador del Creador, desarrollado meticulosa y soberanamente a través de los siglos, tuvo su culminación en la cruz del Calvario con los sufrimientos y muerte del Mesías y con el levantamiento glorioso de la tumba del Cristo Resucitado.

LOS PADECIMIENTOS DEL MESÍAS, JESUCRISTO

> Aunque era Hijo, mediante el sufrimiento aprendió a obedecer.
>
> HEBREOS 5.8 (NVI)

Como señala el escritor a los Hebreos, el Hijo de Dios debió *aprender la obediencia* padeciendo y sufriendo por los pecados de la humanidad. De esta manera, Jesucristo aprendió obediencia, no por su filiación con el Padre, sino por sus sufrimientos y solidaridad con la humanidad caída. Como Hijo de Dios, Jesús siempre fue obediente a la voluntad del Padre, pero la obediencia *particular* que necesitaba para el Sumo Sacerdocio tuvo que ser aprendida por medio de la experimentación de sufrimientos.[156]

Las Escrituras también estipulan que el diablo tuvo participación orquestando los padecimientos del Señor Jesucristo.[157] Así, el escritor a los Hebreos señala:

---

[156] Robert Jamieson, A.R. Fausset y David Brown, *Comentario Exegético y Explicativo de la Biblia* (Casa Bautista de Publicaciones). [Módulo e-Sword].

[157] Ver Mateo 4.1-11; Marcos 1.12-13; Lucas 4.1-13.

> Por lo cual debía ser en todo semejante a sus hermanos, para venir a ser misericordioso y fiel sumo sacerdote en lo que a Dios se refiere, para expiar los pecados del pueblo.
>
> HEBREOS 2.17

> Puesto que él mismo sufrió la tentación, es poderoso para ayudar a los que son tentados.
>
> HEBREOS 2.18 (RVC)

Las dificultades y aflicciones que debió atravesar el Señor durante su vida terrenal no fueron provocadas solo por el diablo sino también por los hombres de Israel, mayoritariamente la clase religiosa compuesta por fariseos y escribas, que se opusieron a su obra y le dieron la espalda. La mayor parte de la nación hebrea fue, como señalan las Escrituras, incrédula al mensaje de salvación del Señor Jesucristo. Ellos no reconocieron en Jesús de Nazaret al Mesías prometido ni creyeron en él para su salvación (Juan 1.11). El Evangelio de Mateo narra que aun sus propios compatriotas se negaron a creer en él y que rehusaron recibirle (Mateo 13.57-58).

El libro de Hebreos declara que durante su vida, y especialmente durante las horas de su pasión, Cristo sufrió la "contradicción" (RV60 y RVC) u "oposición" (NTV) de los pecadores, es decir, toda la hostilidad y el maltrato de aquellos que lo entregaron y crucificaron (Hebreos 12.3). Sin embargo, Jesús fue victorioso sobre toda tentación y prueba debido a su obediencia absoluta y perfecta a la voluntad del Padre.

LA MUERTE DEL SEÑOR JESUCRISTO

El punto culminante de los padecimientos del Señor radica en los sufrimientos previos a la crucifixión y muerte. El conjunto de estos sufrimientos tradicionalmente recibe el nombre de la "Pasión de Jesucristo". Así, la palabra "pasión" no significa solamente los sufrimientos que preceden a la muerte de Jesús, sino también y, sobre todo, la muerte misma del Señor.

La tradición cristiana ha denominado a los días previos y posteriores a la muerte del Señor Jesucristo (hasta el día de su resurrección) "los sucesos de la Semana Santa". Cada uno de estos sucesos se encuentran narrados en los Evangelios y sirven como prólogo a la muerte y la resurrección del Señor Jesucristo.

En 1 Pedro 2.24 el apóstol señala que Cristo Jesús *llevó y ofreció*, como se traduce en la versión siríaca, "nuestros pecados en su cuerpo":

> Él mismo, en su cuerpo, llevó al madero nuestros pecados, para que muramos al pecado y vivamos para la justicia. Por sus heridas ustedes han sido sanados.
>
> 1 PEDRO 2.24 (NVI)

Esto significa que el Señor ha llevado los pecados de la humanidad (pecados que le fueron impuestos y que decidió soportar), de tal manera que los ofreció junto consigo mismo sobre el altar (la cruz del Calvario). Las palabras utilizadas por el apóstol hacen referencia al sistema de sacrificios de animales de la antigüedad, en él los pecados eran colocados primero, cargados sobre el animal y, luego, ofrecidos en sacrificio.

Tanto el pecado como la culpa son considerados por los judíos como una carga que reposa pesadamente sobre el pecador. Pedro declara que los pecados de la humanidad fueron llevados por el Señor en su cuerpo y sobre la cruz, lugar propio para aquél sobre el cual la maldición fue puesta, como lo establece el apóstol Pablo en Gálatas 3.13. Esta maldición permaneció en Cristo Jesús hasta que fue legalmente (por la muerte de quien llevaba la culpa) destruida en su cuerpo y se canceló, de esta manera, la obligación legal que era contraria a la humanidad.[158]

LA SEPULTURA DEL SEÑOR JESUCRISTO

La sepultura del cuerpo del Señor Jesucristo se narra, al igual que en el caso de su muerte, en los cuatro Evangelios.[159] Esta puede ser comprendida como una *humillación*, ya que por ella el Creador de todas las cosas[160] fue sepultado en su propia creación. Por otro lado, la sepultura del cuerpo de Jesucristo comprueba su humanidad dado que las Escrituras señalan que todo ser humano debe volver al polvo de la tierra de donde ha sido tomado (Génesis 3.19).

Cumpliendo con la profecía de Isaías, el cuerpo sin vida de Jesús fue solicitado ante Pilato por un hombre rico llamado José de Arimatea; éste había sido discípulo de Jesús y era miembro del Sanedrín.[161] Al morir entre transgresores, el cuerpo de Jesús debería haber sido sepultado junto con los dos terroristas que compartieron su agonía en el madero, pero para

---

158 Ver Hebreos 2.14-15; Colosenses 2.13-15.
159 Ver Mateo 27.57-61; Marcos 15.42-47; Lucas 23.50-56; Juan 19.38-42.
160 Ver Juan 1.3; Colosenses 1.16-17.
161 Ver Lucas 23.50-51.

que se cumpliese la Escritura su cuerpo fue sepultado entre los ricos (ver Isaías 53.9).

En Mateo 27 no solo se narran los sucesos de la sepultura de Jesús, sino que también se señalan algunas peculiaridades, como el hecho de que su tumba fuera nueva (v. 60). De esta manera, Jesucristo fue concebido en un vientre virgen y fue sepultado en una tumba virgen. El sepulcro nuevo en el cual el cuerpo de Jesús fue colocado fue ordenado por Dios mismo, bajo su providencia, a fin de que no hubiera lugar a dudas ni sospechas respecto a su identidad en la resurrección. Nadie podría alegar que quien había resucitado era otra persona dado que en la tumba de José de Arimatea no se había sepultado al momento a nadie más.

Uno de los aspectos más controversiales de la sepultura del cuerpo del Señor es, sin lugar a dudas, su descenso a las partes más profundas de la tierra en el momento de su muerte. Así lo había predicho Jesús en el relato de Mateo 12.40:

> Porque como estuvo Jonás en el vientre del gran pez tres días y tres noches, así estará el Hijo del Hombre en el corazón de la tierra tres días y tres noches.
>
> MATEO 12.40

El descenso de Jesucristo al *hades* (del gr. ᾅδης) o *sheol* (del heb. שאול) fue parte de la humillación de su sepultura. La muerte adquirió el derecho legal sobre él por haber sido enjuiciado y castigado por el pecado y lo llevó cautivo al hades, lugar de cautiverio de los seres humanos en su muerte. Así se demuestra en Salmos 16.10 y Hechos 2.24–27.

El escritor a los Hebreos señala que al descender al "corazón de la tierra", el Señor Jesucristo destruyó a Satanás y cumplió así la profecía antigua de Génesis 3.15. En este contexto el verbo *destruir* significa "traer a sujeción o aplastar el poder". Esta fue la obra de Jesucristo por medio de su muerte: destruir el reino de la muerte de Satanás en el mundo y traer a luz el plan de Dios de reconciliar todas las cosas en Jesús el Mesías. Así, la muerte del Señor Jesucristo es, para el creyente, victoria, vida eterna y libertad (Hebreos 2.14–15; Colosenses 2.13-15).

El apóstol Pablo interpreta el cumplimiento del descenso de Jesucristo al "corazón de la tierra" como que el Señor, en su sepultura, alcanzó el estado más bajo de humillación:

> Y eso de que subió, ¿qué es, sino que también había descendido primero a las partes más bajas de la tierra? El que descendió, es el mismo que también subió por encima de todos los cielos para llenarlo todo.
>
> EFESIOS 4.9-10

De las "partes más bajas de la tierra" el Señor resucitó con poder al tercer día para cumplir así las Escrituras y asegurar vida eterna y victoria sobre la muerte al creyente (ver 1 Corintios 15.54-57).

IMPLICANCIAS DE LA MUERTE DE CRISTO JESÚS

La muerte del Señor Jesucristo, como lo establecen las Escrituras, presenta las siguientes verdades:

- **VICTORIA SOBRE SATANÁS:** Ver Colosenses 2.14-15.
- **EXALTA Y EVIDENCIA EL AMOR DE DIOS:** Ver 1 Juan 4.9-10.

- **CUMPLE CON LAS EXIGENCIAS DE LA LEY Y OFRECE ETERNA SALVACIÓN:** Ver Hebreos 9.22; 24-26.
- **TRAJO RECONCILIACIÓN ENTRE DIOS Y EL HOMBRE, ENTRE EL CIELO Y LA TIERRA:** Ver 2 Corintios 5.18-19; Efesios 1.10; Colosenses 1.20.

Por medio de su muerte, Jesucristo satisfizo todo requisito necesario para que Dios pudiera perdonar libremente el pecado y recibir al hombre otra vez en su comunión. Nunca en toda la eternidad, ningún hombre, diablo o ángel podrá desafiar la perfecta y entera provisión de la gran salvación de Dios. Por ello decimos que la muerte de Cristo Jesús es:

- **VICARIA:** Esto quiere decir que Jesús actuó como "sustituto, uno que toma el lugar de otro y actúa en su lugar" (ver Isaías 53.6; Mateo 20.28; 2 Colosenses 5.21; 1 Pedro 2.14; 3.18). Es claro en las Escrituras que Cristo fue el sustituto de los creyentes al cargar sus pecados (1 Pedro 2.22; Juan 8.46), ya que él murió por los pecados de otros y no por pecados propios (impecabilidad de Cristo Jesús).

- **EXPIATORIA:** Fue la provisión entera de salvación que Dios hizo para los pecadores por medio del sacrificio del Señor Jesucristo, como ya se ha analizado en este capítulo.

- **PROPICIATORIA:** Es decir, una ofrenda que aplaca la justicia divina. La postura consistente en la Biblia es que el pecado del hombre ha causado la ira de Dios. Esa ira es alejada solo por la ofrenda expiatoria de Cristo. Desde este punto de vista, su obra salvadora es llamada "propiciación" (Romanos 3.25; 1 Juan 2.2; 4.10; Hebreos 2.17).

- **RECONCILIADORA:** La condición de enemistad entre Dios y el hombre es cambiada a una de paz y comunión (Romanos 5.10; Colosenses 1.20-21; 2 Corintios 5.18, 20).

- **REDENTORA:** Refiere a la liberación de la cautividad, esclavitud o muerte por la paga de un precio, lo que la Biblia llama un "rescate" (Mateo 20.28; Hebreos 9.15).

LA RESURRECCIÓN DEL SEÑOR JESUCRISTO

Luego de la muerte y sepultura, los Evangelios dan testimonio de que el Señor Jesucristo se levantó de entre los muertos al tercer día. El primer día de la semana, muy de mañana, dos ángeles con vestiduras resplandecientes dieron esta noticia a las mujeres que habían venido a ungir con especias aromáticas el cuerpo del Señor: "¿Por qué buscáis entre los muertos al que vive? No está aquí, sino que ha resucitado".[162]

De esta manera, los Evangelios, como también el libro de los Hechos de los Apóstoles y la primera epístola del apóstol Pablo a los Corintios, dan a conocer a los llamados *testigos de la resurrección*, es decir, aquellos hombres y mujeres a los cuales el Señor se les presentó luego de haber resucitado con poder. Algunos de estos testigos fueron:

---

162 Ver Lucas 24.1-12.

TESTIGO DE LA RESURRECCIÓN	CITA BÍBLICA
María Magdalena	Mateo 28.1-10; Marcos 16.9; Lucas 24.10; Juan 20.1-18 (donde el Señor se le aparece solo a ella)
María Magdalena, Salomé (la mujer de Zebedeo y madre de Jacobo/Santiago el mayor y Juan) y María (la madre de Santiago el menor y José, pudiendo haber sido la misma María, madre de Jesús, o la llamada María, mujer de Cleofás)	Marcos 16.1-8
María Magdalena y "la otra María" (la madre de Santiago el menor y José, o María, la madre del Señor)	Mateo 28.1-10
María Magdalena, Juana (la mujer de Chuza, intendente de Herodes Antipas), María (la madre de Santiago el menor y José) y otras mujeres (Salomé, María, madre del Señor, María, la mujer de Cleofás, Marta y María de Betania, Susana)	Lucas 24.1-10
Cefas (Pedro)	1 Corintios 15.5
Los once y otros discípulos	Lucas 24.33-34
Los discípulos, Tomás	Juan 20.19, 24
Los apóstoles y otros discípulos	Hechos 1.2-9
Más de 500 hermanos	1 Corintios 15.6
Jacobo o Santiago el menor	1 Corintios 15.7
Saulo (Pablo)	Hechos 9.4-6

La resurrección de Jesucristo es uno de los temas doctrinales más importantes de la fe cristiana. El pasaje bíblico central de esta doctrina, que el escritor a los Hebreos denomina como elemental de la fe,[163] es 1 Corintios 15. Es tal su grado de

[163] Ver Hebreos 6.2.

importancia que Pablo señaló que el negar la *resurrección de los muertos* (la esperanza de gloria de los creyentes) es negar la resurrección de Jesucristo:

> Porque si no hay resurrección de muertos, tampoco Cristo resucitó. Y si Cristo no resucitó, vana es entonces nuestra predicación, vana es también vuestra fe.
>
> 1 CORINTIOS 15.13-14

LA REALIDAD DE LA RESURRECCIÓN DEL SEÑOR JESUCRISTO

Junto a la encarnación, la resurrección de Cristo Jesús puede ser considerada el milagro más grande del cristianismo. Al tercer día el Señor Jesucristo se levantó de entre los muertos[164] con el mismo cuerpo que tenía cuando sufrió y murió en la cruz.[165]

Por su parte, como lo establece el apóstol Pablo en su exégesis de 1 Corintios 15, la resurrección de Jesucristo es el milagro sobre el que se sustenta toda la fe cristiana, puesto que, si Cristo no resucitó, entonces, él no fue quien afirmó ser,[166] y su muerte no podría ser considerada una muerte expiatoria, por lo cual, el cristianismo se sustentaría en una mentira muy elaborada.

El testimonio de las Escrituras indica que Jesucristo sí resucitó y que él vive y está a la diestra de Dios preparando morada para aquellos que han puesto su fe en él (1 Corintios

---

164 Ver 1 Corintios 15.3-4.
165 Ver Juan 20.25, 27.
166 Ver Juan 11.25.

15.20; Juan 14.2). Así como él resucitó en gloria de igual modo regresará a esta tierra en gloria.

LA EVIDENCIA DE LA RESURRECCIÓN

Los evangelios narran el momento en el cual las mujeres, que venían a embalsamar el cuerpo del Señor Jesucristo el primer día de la semana, descubrieron su tumba vacía.[167] Los judíos incrédulos hubiesen podido refutar el testimonio de los primeros predicadores de la Iglesia Primitiva presentando el cuerpo del Señor, pero no lo hicieron porque lisa y llanamente nunca encontraron su cuerpo. Así lo expresa Myer Pearlman:

> ¿Cómo se podría explicar la existencia de la Iglesia Cristiana, que seguramente habría permanecido sepultada con su Señor, si Jesucristo no hubiera resucitado? La Iglesia viva y radiante del día de Pentecostés no nació de un dirigente muerto. ¿Qué haremos con el testimonio de los que vieron a Jesús después de su resurrección, muchos de los cuales hablaron con él, le tocaron, comieron con él; con el testimonio de centenares de quienes Pablo dijo que vivían en su día, muchos de los cuales nos han proporcionado su testimonio inspirado en el Nuevo Testamento? ¿Cómo explicaremos la conversión de Pablo el apóstol, de perseguidor del cristianismo en uno de los misioneros más grandes, a menos que en realidad hubiera visto a Cristo en el camino a Damasco? Sólo hay

---

[167] Ver Mateo 28.1-10; Marcos 16.1-8; Lucas 24.1-12; Juan 20.1-10.

> una respuesta para todas estas preguntas: *Jesucristo resucitó.*[168]

Si bien a lo largo de la historia de la humanidad se han suscitado diversas hipótesis que buscaron menoscabar la autenticidad de la resurrección de Jesucristo, las mismas son tan débiles e inconsistentes que caen en su misma refutación. No presentan ningún argumento válido, serio y comprobable.

Finalmente, a los fines de reconocer la legitimidad histórica del suceso de la resurrección, podemos citar las palabras del teólogo alemán del siglo XIX, W.M. Leberecht de Wette, quien dijo al respecto:

> La resurrección de Jesucristo no puede ponerse en duda, de la misma manera que no se pone en duda la certeza histórica del asesinato de César.[169]

SIETE HIPÓTESIS QUE TRATARON DE NEGAR LA AUTENTICIDAD DE LA RESURRECCIÓN

Como hemos señalado, a lo largo de la historia se han formulado diversas hipótesis que buscaron negar la resurrección del Señor Jesucristo. Las siguientes son las más conocidas:

HIPÓTESIS *SWOON* (DEL INGLÉS "DESMAYO"): Esta hipótesis surgió en el siglo XVIII y estipula que Jesucristo realmente no murió, sino que en verdad, mientras estaba en la

168 Myer Pearlman, *Teología Bíblica y Sistemática* (Editorial Vida, 1992), 124-125.
169 *Ibid*, 125.

cruz, "se desmayó" (es decir, *quedó inconsciente)* y en dicho estado su cuerpo fue puesto en la tumba. En el sepulcro la humedad y el ambiente frío hizo que reviviese o resucitase.

HIPÓTESIS DE LAS ALUCINACIONES: Ésta señala que las personas en realidad "creyeron ver" a Jesús, pero estaban equivocadas, ya que fueron visiones o alucinaciones. Esta hipótesis estipula que los testigos de la resurrección estaban bajo algún tipo de efecto producido por un alucinógeno. Así, ellos en realidad "creyeron ver al Señor" pero en verdad no lo vieron. En 1 Corintios 15.6 el apóstol Pablo afirma que más de quinientos hermanos vieron al Señor resucitado. Es imposible que una cantidad tan grande de personas sufran alucinaciones al mismo tiempo.

HIPÓTESIS DEL ROBO DEL CUERPO: Esta hipótesis señala puntualmente que el cuerpo de Cristo fue quitado de la tumba, es decir, que los discípulos llegaron por la noche y lo robaron. La refutación de esta hipótesis se sustenta de varias maneras. Una de ellas es la anunciación de la llegada, muerte y resurrección del Mesías a lo largo de las Escrituras (prueba bíblica). Otra es que si en verdad los discípulos robaron el cuerpo y lo escondieron, ¿cómo es posible que hayan decidido defender el nombre de Jesucristo incluso hasta la muerte si su fe se sustentaba en una falsedad? (el historiador Eusebio afirma esta declaración). En Mateo 27.66 se indica que la tumba se encontraba *sellada y custodiada por guardias romanos*, por lo cual cualquier intento de robo sería casi una tarea imposible. Esta hipótesis es la más antigua de todas y tiene su fundamento en el texto de Mateo 28.11-15.

HIPÓTESIS DE LA TUMBA EQUIVOCADA: Declara que los discípulos en realidad se dirigieron a una tumba equivocada y, al observar que la misma estaba vacía, asumieron que Jesús había resucitado. La Biblia declara que tanto María Magdalena como el resto de las mujeres que se dirigieron para ungir el cuerpo de Jesús encontraron la tumba vacía y regresaron a contarles a los discípulos; Pedro y Juan, al llegar al sepulcro lo encontraron vacío con los lienzos y el sudario del Señor puesto aparte (Juan 20.3-10). La misma María Magdalena vio dos ángeles y luego al Señor a quien confundió con el cuidador del sepulcro. Las Escrituras señalan que los encuentros de Jesús con las mujeres y sus discípulos en el día de su resurrección acontecieron de día, por lo cual, es imposible que se equivocaran de tumba por falta de luz.

HIPÓTESIS DE LA CONSPIRACIÓN: Propone que la Iglesia Primitiva levantó una historia falsa sobre la resurrección. Nuevamente, esta hipótesis puede ser refutada con las verdades que se encuentran en las Escrituras. Además, encontramos evidencia en las investigaciones de historiadores contemporáneos del primer siglo como ser Plinio el jóven, Tácito, Suetonio o Luciano, entre otros.

HIPÓTESIS DE LA IDENTIDAD EQUIVOCADA: Enuncia que los discípulos y las mujeres en realidad se equivocaron al identificar a Jesucristo, es decir, vieron a una persona muy parecida a él en vez de ver al Señor resucitado. ¿En dónde quedan los relatos de los Evangelios, de Jesús comiendo y hablando con sus discípulos en una casa (Lucas 24.36-49) y en la playa (Juan 21.1-14), si en verdad éste no era el Cristo resucitado?

HIPÓTESIS DE LA RESURRECCIÓN ESPIRITUAL: Ésta niega la resurrección física y real de Jesucristo; establece que el cuerpo de Jesús permaneció en el sepulcro y que la resurrección fue simplemente de naturaleza espiritual. Pero, si en verdad la resurrección del Señor no fue corporal, ¿dónde está el cuerpo de Jesucristo? El argumento más fuerte en contra de esta hipótesis es la defensa tenaz por parte de los apóstoles de la veracidad de la resurrección. Ellos comieron y bebieron con el Cristo resucitado, lo tocaron y hablaron con él. Incluso murieron defendiendo la realidad de la resurrección y la ascensión del Señor Jesucristo.

EL SIGNIFICADO DE LA RESURRECCIÓN DEL SEÑOR JESUCRISTO

Como se ha destacado con anterioridad, la resurrección de Jesucristo tiene un peso doctrinal muy grande para la fe cristiana. La resurrección del Señor significa que Jesús es todo lo que afirmó ser, el Hijo de Dios, el Salvador del mundo y el único Rey y Señor soberano. En palabras del apóstol Pablo en su epístola a los Romanos:

> [...] pero que conforme al Espíritu de santidad fue declarado Hijo de Dios con poder, por su resurrección de entre los muertos.
>
> ROMANOS 1.4 (RVC)

Su resurrección significa que su muerte vicaria fue una realidad, mediante la cual el ser humano puede tener plena seguridad de perdón y hallar, así, la paz con Dios (Romanos 4.25). Su resurrección significa que los creyentes tienen un Sumo Sacerdote en los Cielos que simpatiza con ellos, que ha vivido la vida humana, que conoce sus tristezas y enfermedades y que está capacitado para darles el poder para vivir la vida cristiana día tras día mediante la obra del Espíritu Santo en sus vidas. De este modo, el que murió por su pueblo, vive ahora por su pueblo. Así lo estipula el Nuevo Testamento en Romanos 8.34 y Hebreos 7.25.

Su resurrección también significa que el creyente puede saber que existe una vida venidera, ya que Jesucristo es el único hombre que ha regresado de entre los muertos experimentando la glorificación y transformación de su cuerpo. Ni la ciencia ni la filosofía humanista pueden ofrecer respuestas ciertas a la gran incógnita existencial de la vida después de la muerte, pero el cristianismo sí. El hecho de que Jesucristo haya resucitado asegura al creyente su futura resurrección en gloria, dado que el Señor es primicias de los creyentes que han *dormido* y que están aguardando su resurrección en el evento de la segunda venida de Cristo.[170]

---

[170] Ver 1 Corintios 15.20, 23; 2 Corintios 4.14; 1 Tesalonicenses 4.16.

La resurrección de Jesucristo proporciona también pruebas fehacientes de la seguridad de la vida eterna en los creyentes, como lo establecen los siguientes pasajes: 1 Tesalonicenses 4.14; 2 Corintios 4.14 y Juan 14.19.

Además, su resurrección significa certeza de un juicio futuro. Así como es cierto que Jesús resucitó de entre los muertos para ser juez de los seres humanos, de igual modo, todos resucitarán de la tumba para ser juzgados por él:

> Porque él ha establecido un día en que, por medio de aquel varón que escogió y que resucitó de los muertos, juzgará al mundo con justicia.
>
> HECHOS 17.31 (RVC)

CARÁCTERÍSTICAS DEL CUERPO GLORIFICADO DEL SEÑOR JESUCRISTO

La resurrección corporal del Señor Jesucristo consistió en el restablecimiento del cuerpo y el alma de Jesucristo a su condición original de gloria. El Señor fue levantado de entre los muertos a un estado superior por voluntad del Padre, en un hecho que tuvo la participación de las tres personas de la Santísima Trinidad.[171]

En este marco podemos encontrar referencias al *cuerpo glorificado* del Señor Jesucristo en pasajes como Romanos 6.4; 8.29; 1 Corintios 6.14 y Colosenses 1.18.

Analizaremos ahora cuatro características del cuerpo glorificado del Señor, lo que nos ayudará a entender sus

---

[171] Ver Hechos 2.24; Romanos 8.11; 1 Pedro 3.18; Juan 2.19; 10.18; 11.25.

implicancias para la *esperanza de gloria* del creyente, de la cual habla el apóstol Pablo en Romanos 5.2.

SU CUERPO ERA SOBRENATURAL: Como lo demuestran los Evangelios de Juan y Lucas, luego de su resurrección, el cuerpo glorificado del Señor no estuvo limitado a espacios físicos (Juan 20.19; Lucas 24.33,36).

SU CUERPO ERA MATERIAL: Los discípulos tuvieron la oportunidad de tocar su cuerpo glorificado y estar cerca de él entablando importantes conversaciones con el Señor. Esta evidencia refuta la hipótesis de la resurrección "espiritual" de Jesucristo (Juan 20.20). Su cuerpo glorificado mantiene las marcas de su crucifixión, es decir, sus manos horadadas y su costado abierto. Esto nada más exalta su carácter sobrenatural y su gloria.

PODÍA DESAPARECER Y APARECER A SU VOLUNTAD: Si leyéramos el texto bíblico sin prejuicios interpretativos, observaremos que el Señor, luego de su resurrección, podía trasladarse grandes distancias sin inconvenientes y aparecer y desaparecer en distintos puntos físicos (Lucas 24.31 y Marcos 16.14). Otra referencia bíblica que fundamenta esta hipótesis es la narración de la aparición del Señor a los discípulos que iban camino a Emaús. Dicha aldea se encontraba a una distancia considerable del lugar en el cual el Señor había sido sepultado (11 kilómetros de distancia). En este caso, su desplazamiento *instantáneo* o *casi instantáneo* denota sobrenaturalidad (Lucas 24.13-15).

PODÍA CONSUMIR ALIMENTOS SI ASÍ LO QUERÍA: Luego de su resurrección el Señor compartió momentos de íntima comunión con sus discípulos, como, por ejemplo, un desayuno en la playa (Juan 21.13). Asimismo, Lucas 24.41-43 narra que el Señor resucitado, al ver el asombro y la incredulidad de sus discípulos ante su aparición, les pidió algo que comer. Este pedido no fue a los fines de saciar un hambre físico sino para generar un marco de comunión.

Ante todo esta evidencia es necesario recordar que el cuerpo glorificado del Señor Jesucristo es *primicia* de la resurrección futura de los creyentes. Pablo señala que en la primera resurrección, los creyentes serán resucitados y transformados de corrupción a incorrupción, de humillación a glorificación, recibiendo un cuerpo glorificado *semejante* al del Señor Jesucristo (1 Corintios 15.42-43, 48-49, 51-53).

En conclusión, la muerte no pudo retener a Jesús (ver Hechos 2.24; Hechos 9.14), ya que su vida fue completamente sin pecado. Romanos 6.23 establece que la paga o la consecuencia inmediata del pecado es la muerte. Como hemos analizado anteriormente, Cristo no murió por pecados propios sino por los pecados de la humanidad; "por nosotros Dios lo hizo pecado", nos revela el apóstol Pablo (2 Corintios 5.21; comparar con 1 Pedro 2.22).

La Resurrección del Señor Jesucristo es de este modo la esperanza del creyente, dado que así como él resucitó de los muertos, así también el creyente resucitará para estar donde él está (1 Juan 3.2).

CAPÍTULO 6

ASCENSIÓN Y EXALTACIÓN DE JESUCRISTO

> Por eso las Escrituras dicen: «Cuando ascendió a las alturas, se llevó a una multitud de cautivos y dio dones a su pueblo». Fíjense que dice «ascendió». Sin duda, eso significa que Cristo también descendió a este mundo inferior. Y el que descendió es el mismo que ascendió por encima de todos los cielos, a fin de llenar la totalidad del universo con su presencia.
>
> EFESIOS 4.8-10 (NTV)

LA BIBLIA SEÑALA QUE LUEGO DE LA RESURRECCIÓN Y ANTES de ascender gloriosamente a los Cielos y sentarse a la diestra del trono del Padre, Jesucristo permaneció con sus discípulos por cuarenta días enseñándoles acerca del Reino de Dios:

> [...] a quienes también, después de haber padecido, se presentó vivo con muchas pruebas indubitables, apareciéndoseles durante cuarenta días y hablándoles acerca del reino de Dios.
>
> HECHOS 1.3

Tanto la ascensión como la exaltación de Jesucristo fueron sus últimos eventos en la tierra y ambos preparan el camino para otro gran evento futuro: la segunda venida de Cristo Jesús a este mundo (Hechos 1.11).

En este capítulo, analizaremos ambos acontecimientos y exploraremos la relación entre estos y otros sucesos importantes que refieren a la persona de Cristo y que ya hemos expuesto en los capítulos anteriores. Por un lado, la ascensión del Señor se encuentra directamente ligada con su resurrección. Por otro lado, su exaltación presenta relación con su ministerio en favor del creyente y su segunda venida, en la cual establecerá completamente su Reino que inauguró en su primer advenimiento.

LA ASCENSIÓN DE JESUCRISTO: REFERENCIAS EN LAS ESCRITURAS

La ascensión de Cristo Jesús se define como el sello y la consecuencia necesaria de la resurrección del Señor Jesús. Como lo relata la Biblia, el acontecimiento de la ascensión tuvo lugar cuarenta días después de la Pascua en un lugar llamado Betania, en las afueras de Jerusalén. En el libro de Hechos se menciona que el lugar exacto era el Monte del Olivar o Monte de los Olivos, aproximadamente a un kilómetro de Jerusalén ("camino de un día de reposo", Hechos 1.12). Los discípulos fueron llevados por Jesucristo a las afueras de la ciudad de Jerusalén y allí el Señor les dio instrucciones de no apartarse de la ciudad, ya que allí se cumpliría la promesa de la impartición del Espíritu Santo. La ascensión de Jesucristo, quien volvía al Padre para completar la glorificación de su humanidad que había comenzado en la cruz, se registra en tres pasajes del Nuevo Testamento: Lucas 24.50-53; Marcos 16.19-20 y Hechos 1.6-12.

La ascensión del Señor fue prevista tanto en el Antiguo como en el Nuevo Testamento:

EN EL ANTIGUO TESTAMENTO: El coronamiento de su obra redentora fue profetizado en Salmos 68.18 (comparar con Efesios 4.8) y Salmos 110.1 (comparar con Marcos 12.36; Lucas 20.42 y Hechos 1.13; 2.34).

PREDICHA POR EL MISMO SEÑOR JESUCRISTO: Jesús había anunciado su ascensión en repetidas oportunidades (Lucas 9.31, 51; 19.12; Juan 6.62; 7.33; 12.32; 14.12, 28; 16.5, 10, 17, 28; 17.5, 13; 20.17). Su predicho retorno sobre las nubes del Cielo implica, lógicamente, su ascensión previa, tal y como lo registra el Evangelio de Mateo (24.30; 26.64).

EL TESTIMONIO DE LOS APÓSTOLES: A lo largo de todo el Nuevo Testamento, los apóstoles de Jesucristo dieron testimonio fehaciente de la ascensión del Señor y de lo que esto implicaba para la fe del creyente:

- **PEDRO:** Ver Hechos 2.33-36; 3.21; 1 Pedro 3.22.
- **PABLO:** Ver Efesios 1.20-22; 2.6; 4.8-10; Filipenses 3.20; 1 Tesalonicenses 4.16; 2 Tesalonicenses 1.7; 1 Timoteo 3.16.
- **ESCRITOR A LOS HEBREOS:** Ver Hebreos 1.3, 13; 2.9; 6.20; 9.11-12, 24, 28.
- **JUAN:** En su Evangelio (ya citado) y en Apocalipsis 3.21 y 5.6, 13.

LA ASCENSIÓN DE CRISTO Y LA RELACIÓN CON LOS CREYENTES

La ascensión del Señor Jesús, como hecho histórico, reviste suma importancia tanto para su ministerio celestial como también para su pueblo. Indudablemente, su consecuencia más relevante fue el derramamiento del Espíritu Santo, el Consolador y Ayudador de los creyentes (del gr. παράκλητος transl. *paraklētos)* y la fuente de todo poder y autoridad, tal y como lo señalan los siguientes pasajes de la Biblia:

> Pero cuando venga el Consolador, el Espíritu de verdad, el cual procede del Padre y a quien yo les enviaré de parte del Padre, él dará testimonio acerca de mí.
>
> JUAN 15.26 (RVC)

> Pero les digo la verdad: les conviene que yo me vaya; porque si no me voy, el Consolador no vendrá a ustedes; pero si me voy, yo se lo enviaré.
>
> JUAN 16.7 (RVC)

> Pero cuando venga sobre ustedes el Espíritu Santo recibirán poder, y serán mis testigos en Jerusalén, en Judea, en Samaria, y hasta lo último de la tierra.
>
> HECHOS 1.8 (RVC)

Cuando el Espíritu Santo vino sobre los ciento veinte discípulos congregados en el aposento alto, éstos fueron bautizados en su presencia y en su poder y autoridad para predicar así el evangelio de Jesucristo con señales, prodigios y milagros. A este acontecimiento, registrado en los primeros capítulos del libro de los Hechos, se lo reconoce como la manifestación visible que validó a la Iglesia como la comunidad del Nuevo Pacto. Luego de su ascensión, el Señor Jesucristo recibió del Padre el Espíritu Santo que había prometido y lo dio a la Iglesia con todos sus dones, como señala el apóstol Pedro en su primer discurso:

> Y como él fue exaltado por la diestra de Dios, recibió del Padre la promesa del Espíritu Santo, y ha derramado esto que ahora están viendo y oyendo.
>
> HECHOS 2.33 (RVC)

Por otra parte, la ascensión produjo cambios en la relación del Señor Jesucristo con su Iglesia. La nueva relación que los discípulos tienen con el Señor se ciñe sobre la obra y ministerio del Espíritu en sus vidas, como así también, sobre el ministerio que el Cristo glorificado está realizando en los Cielos en favor de ellos. Distinguimos así *siete posiciones de Cristo Jesús en los Cielos* que afectan la relación que los creyentes hoy tienen con él.

EL CRISTO CELESTIAL: Así como la llegada del Señor al mundo implicó un *descenso,*[172] su partida del mundo fue un *ascenso.* En otras palabras, aquel que había descendido, ahora ascendió adonde estaba antes. De la misma manera en que su entrada en el mundo fue sobrenatural y milagrosa, de igual modo lo fue su partida. Mientras que las apariciones como las desapariciones del Señor después de su resurrección fueron instantáneas, su ascensión fue gradual, pues la Palabra misma señala que los discípulos "se quedaron mirando fijamente al

---

[172] Ver Filipenses 2.5-11.

cielo mientras él se alejaba" (Hechos 1.10, NVI). El Señor es así el Cristo celestial que está sentado a la diestra del trono del Padre recibiendo la gloria que tuvo desde antes que el mundo fuese (Juan 17.5). La ascensión divide así la vida de Jesucristo en dos etapas.

En primer lugar, desde su concepción hasta su ascensión, hablamos del Señor viviendo una vida terrenal, caminando las calles de Galilea y Judea y estando sujeto a las condiciones humanas, culturales y políticas de su época. El Señor vivió así en un período específico de la historia humana pero siempre en un estado de perfección delante del Padre.

En segundo lugar, desde su ascensión, vive en el Cielo, siempre delante del Padre y preparando un lugar para los creyentes (Juan 14.2). Él sigue tocando los corazones de los hombres a través del Espíritu Santo que está activo y presente en el mundo, manifestándose a través de la Iglesia.

EL CRISTO EXALTADO: Al referirse al suceso de la ascensión en Hechos 1.9-10, Lucas hace uso de dos vocablos griegos que arrojan luz sobre este suceso trascendental.

En el versículo 9, Lucas emplea el vocablo griego ἐπαίρω (transl. *epairo]* que se traduce como "fue alzado". Este término se define como "levantar, alzar, enaltecer, exaltar".[173]

> Y habiendo dicho estas cosas, viéndolo ellos, *fue alzado*, y le recibió una nube que le ocultó de sus ojos.
>
> HECHOS 1.9 [énfasis añadido]

[173] James Strong, *Strong's Hebrew and Greek Dictionaries. Dictionaries of Hebrew and Greek Words taken from Strong's Exhaustive Concordance by James Strong,* S.T.D., LL.D., 1890. [Módulo e-Sword].

Por otra parte, en el versículo 10, Lucas hace uso de otro vocablo para plasmar en palabras la experiencia de la ascensión. Este vocablo griego es πορεύομαι (transl. *poreuomai)*, que se traduce como "iba". Este término ofrece los siguientes significados: "atravesar, viajar, andar, apartar, ir, salir, seguir, subir".[174]

> Y estando ellos con los ojos puestos en el cielo, *entre tanto que él se iba*, he aquí se pusieron junto a ellos dos varones con vestiduras blancas.
>
> HECHOS 1.10 [énfasis añadido]

Este último término ilustra a Jesucristo presentándose delante del Padre por voluntad y derecho propio. Por su lado, el primer término ("fue alzado") recalca el acto del Padre por medio del cual el Señor es exaltado, como galardón por su obediencia y como muestra de la aprobación de su obra redentora. El gradual ascenso de Jesucristo a los Cielos, por la voluntad del Padre y a plena vista de los discípulos, hizo que ellos comprendieran que el Señor estaba abandonando la vida terrenal y que, al mismo tiempo, los estaba convirtiendo en testigos de su partida.

EL CRISTO SOBERANO: La ascensión de Cristo Jesús también significa que el Señor ascendió a su lugar de supremacía y gobierno sobre todas las criaturas. Él es la "cabeza de todo varón"[175] y "la cabeza de todo principado y potestad".[176] En otras palabras, todas las autoridades del mundo invisible, como

---

[174] *Ibid.*
[175] Ver 1 Corintios 11.3.
[176] Ver Colosenses 2.10.

así también las del mundo visible están bajo su dominio.[177] La soberanía del Señor Jesucristo es universal y es ejercitada para el bien de su Iglesia que, como lo define el apóstol Pablo, es su Cuerpo: "[Dios] sometió todas las cosas debajo de sus pies [Cristo Jesús], y lo dio por cabeza sobre todas las cosas a la iglesia".[178]

En su sentido especial, la ascensión del Señor permitió el reconocimiento de Jesucristo como Cabeza (del gr. κεφαλή transl. *kephalē*) de la Iglesia, siendo ésta la novia (en sentido metafórico) que él amó y por la cual se entregó en rescate. Este gobierno se manifiesta de dos maneras:

Por la autoridad que el Señor ejerce sobre la Iglesia. El apóstol Pablo emplea la relación matrimonial como ilustración de la relación entre Cristo y su Iglesia.[179] La obediencia de la Iglesia a Cristo es una sumisión voluntaria. De igual manera, de acuerdo al espíritu de Efesios 5, la esposa debiera ser obediente a su marido no sólo por causa de la conciencia sino por amor y reverencia. El amor y la reverencia de la Iglesia hacia Cristo Jesús deben plasmarse mediante su obediencia y fidelidad. Una característica prominente de la Iglesia Primitiva fue la actitud de amorosa sumisión a Cristo Jesús. Así, la frase "Jesús es Señor" no fue solamente la declaración de un credo sino también la regla de vida de la Iglesia.

Por la vida, el poder y la autoridad que Jesucristo suministra a su Iglesia desde los Cielos. Jesucristo con su Iglesia guarda una

---

[177] Ver 1 Pedro 3.22; Romanos 14.9; Filipenses 2.10-11.
[178] Ver Efesios 1.22.
[179] Ver Efesios 5.22-23.

relación como la que existe entre los pámpanos y la vid,[180] entre la cabeza y el cuerpo.[181] Aunque la Cabeza de la Iglesia está en el Cielo, éste mantiene una estrecha y continua comunión con su cuerpo en la tierra a través del Espíritu Santo, quién es así el vínculo de comunicación entre el trono de Dios y la comunidad de los santos.

EL CRISTO PRECURSOR: Jesucristo había prometido a sus discípulos: "Donde yo estuviere, allí también estará mi servidor" (Juan 12.26). Como señala Pearlman:

> La separación entre Cristo y la Iglesia terrenal que comenzó con la ascensión, no es permanente. El Señor ascendió en calidad de precursor para preparar el camino para [sus seguidores y seguidoras], a fin de que le siguieran.[182]

El término *precursor* se aplica en las Escrituras primeramente a Juan el Bautista quien preparó el camino para la primera venida de Jesucristo al mundo.[183] Así como Juan preparó el camino para Cristo, así también el Cristo ascendido preparó el camino para la Iglesia. Veamos la imagen que emplea el escritor a los Hebreos:

> Esta esperanza mantiene nuestra alma firme y segura, como un ancla, y penetra hasta detrás del velo, donde Jesús, nuestro precursor, entró por nosotros y llegó a ser

---

180 Ver Juan 15.1-17.
181 Ver Efesios 1.22-23; 4.15-16; 5.23; Colosenses 1.18; 2.19.
182 Myer Pearlman, *Teología Bíblica y Sistemática* (Editorial Vida, 1992), 128.
183 Ver Lucas 1.76.

> sumo sacerdote para siempre, según el orden de Melquisedec.
>
> HEBREOS 6.19-20 (RVC)

En el sentido espiritual, la Iglesia ha seguido ya al Cristo glorificado. En efecto, Dios ha hecho sentar a los creyentes "en lugares celestiales" (Efesios 2.6). Por medio del Espíritu y la fe, los creyentes pueden, a través de la adoración en sus diversas expresiones, "ascender" con el corazón y la mente hasta la misma presencia de Cristo Jesús, aguardando el día en el cual podrán ver al Señor Jesucristo cara a cara. Las Escrituras prometen a los creyentes una ascensión literal a los Cielos cuando el Señor regrese en las nubes con gran poder y lgoria (ver 1 Tesalonicenses 4.17 y 1 Corintios 15.52). Con esta esperanza, el Señor Jesucristo consoló a sus discípulos antes de su partida. [184] El apóstol Pablo enseñó a los creyentes tesalonicenses a alentarse los unos a los otros con esta esperanza: "Por tanto, alentaos los unos a los otros con estas palabras" (1 Tesalonicenses 4.18).

EL CRISTO MEDIADOR, ABOGADO, SUMO SACERDOTE E INTERCESOR: Pablo señala que Jesucristo, debido a su obra redentora, es el "mediador" entre Dios y los seres humanos: "Hay un Dios y un mediador que puede reconciliar a la humanidad con Dios, y es el hombre Cristo Jesús." (1 Timoteo 2.5, NTV). El apóstol Juan señala que el Mesías también ejerce una función de "abogado": "Hijitos míos, estas cosas os escribo para que no pequéis; y si alguno hubiere pecado, abogado tenemos para con el Padre, a Jesucristo el justo" (1

---

[184] Ver Juan 14.1-3.

Juan 2.1). En su carácter de abogado, el Señor hace frente a las acusaciones lanzadas contra nosotros por el "acusador de los hermanos" en lo que respecta al pecado.[185]

Él es también, como lo describe el libro de Hebreos, el Sumo Sacerdote de los creyentes, ya que ha entrado en la presencia de Dios Padre para ministrar en favor de los creyentes (Hebreos 7.25; 9.24). Pero el mediador es también el "intercesor" de los creyentes que representa, hablando en favor de ellos delante del Padre. Dado que el sacerdocio de Cristo es eterno, su intercesión es también permanente. Las peticiones principales de Cristo se encuentran registradas en Juan 17: que los creyentes sean guardados del mundo (v. 11), que se mantengan unidos (v. 11, 21-23), que sean guardados del mal (v. 15), que sean santificados en la verdad de la Palabra (v. 17), que prediquen el evangelio y hagan nuevos discípulos (v. 20) y que se mantengan puros en su fe y fidelidad a Cristo (v. 24).

EL CRISTO CERCANO: Mientras Jesucristo se encontraba en la tierra, a causa de su humanidad, estaba limitado a un sitio a la vez y no podía estar en contacto con cada uno de sus discípulos en todo momento. Pero al ascender a los Cielos, pudo enviar su poder y presencia divina en todo momento y en todo lugar a todos los discípulos (Juan 14.12). Esto hace posible el cumplimiento de su promesa: "Porque donde están dos o tres congregados en mi nombre, allí estoy yo en medio de ellos" (Mateo 18.20).

---

185 Ver Apocalipsis 12.10.

CONEXIONES ENTRE LA ASCENSIÓN DE JESUCRISTO Y SU SEGUNDA VENIDA

Como se ha mencionado con anterioridad, la ascensión de Cristo está estrechamente relacionada con su retorno. De acuerdo a Hechos 1.9-12, el Señor Jesucristo volverá al mundo de la misma manera en la que ascendió al Cielo ("vendrá otra vez de la misma manera que lo han visto irse", v. 11, NVI). Esto significa que su segunda venida será:

- **PERSONAL:** Ver Juan 14.3.
- **CORPORAL Y VISIBLE:** Ver Mateo 24.30; Apocalipsis 1.7.
- **SOBRE Y CON LAS NUBES:** Ver Daniel 7.13; comparar con Apocalipsis 1.7.
- **REPENTINA:** Ver 1 Tesalonicenses 5.2-3.
- **EN GLORIA Y CON SUS ÁNGELES:** Ver Mateo 16.27; 24.30.
- **SOBRE EL MONTE DE LOS OLIVOS:** Ver Zacarías 14.3-4; comparar con Hechos 1.11-12.

Con respecto a este último punto, establecido principalmente a partir de Zacarías 14.3-4, muchos comentaristas señalan que el lugar geográfico que se transformará en el lugar de retorno del Señor será el mismo que el lugar de partida en su ascensión. Así también, como se ha mencionado previamente, la forma de su regreso será similar a la de su ida a los Cielos.[186] Él probablemente "vendrá desde el este" (Mateo 24.27). Así hizo su entrada triunfal en la ciudad desde el Monte de los Olivos

---

186 Ver Hechos 1.11.

desde el este (Mateo 21.1-10). Este fue el escenario de su agonía; así será el escenario de su gloria.[187]

LA GLORIA DE LA EXALTACIÓN DE JESUCRISTO

Así como la ascensión de Jesucristo fue la consecuencia final de su resurrección, de la misma manera, la exaltación del Señor debe ser considerada la consecuencia inmediata de su ascensión. La palabra "exaltación" es el término empleado en este punto para describir la gloria que Jesucristo recibió al momento de presentarse ante Dios Padre y sentarse a la diestra de su trono en los Cielos. Conceptualmente, se define *exaltación* como "la *gloria* que resulta de una *acción* muy notable".[188] La misma tiene como raíz la palabra *exaltar* que significa "elevar a alguien a gran auge o dignidad; realzar el mérito o circunstancias de alguien".[189]

Gloria y *acción* son dos palabras a las cuales se debe prestar especial atención en esta definición. Al hablar de la exaltación de Jesucristo es necesario conocer las características de la gloria que el Señor Jesucristo recibió del Padre y también qué acción realizada por él provocó dicha exaltación. Indudablemente, fue su humillación y obediencia al morir en la cruz del Calvario (tal como lo expresan Filipenses 2.8-9 y Hebreos 5.7-10) lo que provocó que el Padre lo exaltara en el momento de la ascensión.

---

[187] Robert Jamieson, A.R. Fausset y David Brown, *Comentario Exegético y Explicativo de la Biblia* (Casa Bautista de Publicaciones). [Módulo e-Sword].

[188] Diccionario de la Real Academia Española. *Exaltación.* Vigésima Segunda Edición. [En línea] <http://lema.rae.es/drae/?val=exaltacion>.

[189] Diccionario de la Real Academia Española. *Exaltar.* Vigésima Segunda Edición. [En línea] <http://lema.rae.es/drae/?val=exaltar>.

La gloria y la exaltación que Jesucristo recibió al momento de su ascensión tienen relación directa con la palabra griega *epairō*[190] que, como se ha desarrollado en puntos anteriores, significa *exaltar* y *enaltecer* (entre otros significados).

En este sentido, es importante conocer qué tipo de gloria recibió Jesucristo en el momento de su exaltación. Según John Owen, la gloria divina de Cristo se reveló en el momento de su exaltación (la gloria que el mismo Señor dijo tener con el Padre desde antes que el mundo fuese creado).[191] Esta gloria había estado velada durante el ministerio terrenal de Jesucristo, tiempo descripto por el apóstol Pablo en Filipenses 2.5-11 como aquel en el que el Hijo de Dios tomó forma de siervo.[192] Owen lo explica de la siguiente manera:

> La gloria de Cristo en su exaltación, no es la gloria esencial de su naturaleza divina, sino la revelación de esa gloria después de que había estado oculta en este mundo bajo la "forma de un siervo". La gloria divina en sí misma no pertenece a la exaltación de Cristo, sino más bien la revelación de esta gloria es la que pertenece a esta exaltación.[193]

Así como en el momento de la ascensión se produjo la exaltación del Señor Jesucristo, durante esta exaltación se produjo la revelación de la gloria divina del Hijo y también la glorificación de su naturaleza humana. La misma naturaleza

---

190 Ver Hechos 1.9 ("fue alzado").

191 Ver Juan 17.5, 24.

192 Ver Filipenses 2.7.

193 John Owen, *La Gloria de Cristo.* Capítulo VII: "La Gloria de Cristo como Mediador", 33. [En línea] <http://www. iglesiareformada.com/Owen_Gloria_Cristo.pdf>.

que Cristo tomó en su encarnación fue *exaltada en gloria.*[194] El hecho de que sea la misma naturaleza humana que tuvo en la tierra es una creencia fundamental de la fe cristiana. Como lo expresa Owen:

> La naturaleza humana de Jesucristo no está mezclada con su naturaleza divina, ni tampoco ha sido deificada. Su naturaleza humana no tiene ninguna propiedad esencial de la deidad que le haya sido comunicada a ella. Su naturaleza humana no fue hecha omnisciente, omnipresente ni omnipotente, sino que fue exaltada muy por encima de la gloria de los ángeles y los hombres. Está más cerca a Dios; goza de más comunión con Dios, de más gloriosa luz, amor y poder divinos que cualquier ángel u hombre. Sin embargo, es humano.[195]

Los creyentes también tendrán una naturaleza humana glorificada, así como lo enseñan las Escrituras en 1 Juan 3.2. Pero dicha naturaleza humana glorificada no será tan gloriosa como la de Jesucristo; así lo enseña el apóstol Pablo en su exposición sobre la doctrina de la resurrección: "Una es la gloria del sol, otra la gloria de la luna, y otra la gloria de las estrellas, pues una estrella es diferente de otra en gloria" (1 Corintios 15.41). Como señala Pablo, existe una diferencia de gloria entre las estrellas y una diferencia aún más grande entre el sol y las estrellas. Tal será la diferencia entre la naturaleza humana glorificada de Cristo y la naturaleza humana glorificada de los creyentes en la eternidad.

---

[194] *Ibid,* 33.
[195] *Ibid,* 33-34.

Por todo ello, podemos señalar que la gloria recibida por Jesucristo en el momento de su ascensión y exaltación consiste en lo siguiente:

a. La exaltación de su naturaleza humana en unión con la naturaleza divina muy por encima de toda la creación en poder, dignidad, autoridad y señorío (Efesios 1.15-21).

b. Dios el Padre le dio la gloria y la dignidad más grande cuando le hizo sentarse a su diestra en la majestad en las alturas, más específicamente, en su trono. El Padre hizo esto a causa de su infinito amor hacia Cristo y su deleite en lo que Cristo ha hecho como mediador entre Dios y los hombres. Dios se complació de la ofrenda y el sacrificio de Jesucristo en el Gólgota al dar su vida en rescate de la creación caída (Efesios 5.2; Isaías 42.1, en donde "contentamiento" es sinónimo de "complacencia").

c. A esto se añade la plena manifestación de su propia sabiduría, su amor y su gracia divina en la obra de mediador y redentor de la Iglesia. Esta es la gloria que Jesucristo pedía al Padre que los creyentes disfrutaran.[196]

De acuerdo a las Escrituras, la gloria que Cristo posee solamente puede ser entendida por la fe. Si el creyente llega a comprender su amor y toma participación de los beneficios que surgen de lo que él hizo y sufrió, entonces solamente le queda regocijarse en la gloria de Cristo.

---

[196] Ver Juan 17.5, 22, 24.

POSICIÓN DE JESUCRISTO LUEGO DE SU EXALTACIÓN

Al ser recibido en gloria, en el momento de su exaltación, el Señor Jesucristo retornó a los Cielos para sentarse a la diestra del trono de Dios.[197] Entendemos que desde dicho momento el Señor comenzó a ejercer su ministerio celestial, que ya fue descrito en páginas anteriores.

En las cartas paulinas se encuentra un versículo que revela el proceso de la vida de Jesucristo y que señala sus diferentes etapas culminando en su exaltación. Este pasaje es conocido como "el misterio de la piedad" y se encuentra en 1 Timoteo 3.16. Veámoslo en distintas traducciones:

> E indiscutiblemente, grande es el misterio de la piedad: Dios fue manifestado en carne, Justificado en el Espíritu, Visto de los ángeles, Predicado a los gentiles, Creído en el mundo, Recibido arriba en gloria.
>
> REINA-VALERA 1960

> Sin duda alguna, el gran misterio de nuestra fe es el siguiente: Cristo fue revelado en un cuerpo humano y vindicado por el Espíritu. Fue visto por ángeles y anunciado a las naciones. Fue creído en todo el mundo y llevado al cielo en gloria.
>
> REINA-VALERA CONTEMPORÁNEA

> No hay duda de que la verdad revelada de nuestra religión es algo muy grande: Cristo se manifestó en su

---

[197] Ver Hebreos 12.2.

condición de hombre, triunfó en su condición de espíritu y fue visto por los ángeles. Fue anunciado a las naciones, creído en el mundo y recibido en la gloria.

DIOS HABLA HOY

Sin duda alguna, el gran misterio de nuestra fe es el siguiente: Cristo fue revelado en un cuerpo humano y vindicado por el Espíritu. Fue visto por ángeles y anunciado a las naciones. Fue creído en todo el mundo y llevado al cielo en gloria.

NUEVA TRADUCCIÓN VIVIENTE

καὶ (y) ὁμολογουμένως (indiscutiblemente) μέγα (grande) ἐστὶν (es) τὸ (el) τῆς (de el) εὐσεβείας (bien-reverenciar) μυστήριον (misterio) Ὃς (Quien) ἐφανερώθη (fue hecho manifiesto) ἐν (en) σαρκί (carne) ἐδικαιώθη (fue declarado recto) ἐν (en) πνεύματι (espíritu) ὤφθη (fue visto) ἀγγέλοις (a mensajeros) ἐκηρύχθη (fue proclamado) ἐν (en) ἔθνεσιν (naciones) ἐπιστεύθη (fue creído) ἐν (en) κόσμῳ (mundo) ἀνελήμφθη (fue tomado hacia arriba) ἐν (en) δόξῃ (esplendor)

VERSIÓN INTERLINEAL GRIEGO - ESPAÑOL DE DE WESTCOTT Y HORT[198]

Es bien conocido que en los manuscritos originales este himno hace mención a Jesucristo, Dios Hijo, y no al Padre (en otras versiones aparece como "Él, Quién, Cristo"). En la traducción más popularizada del idioma español, la Biblia Reina-Valera 1960, el versículo hace mención, simple y llanamente, a "Dios", debido a una alteración efectuada por discordias teológicas en los manuscritos bizantinos del siglo VIII y XIV. Aun así, es

[198] Westcott y Hort Interlineal Griego - Español (Galeed, 2008). [Módulo e-Sword].

innegable por contexto que el pasaje hace referencia a Jesucristo, el Hijo de Dios.

En estas líneas el Señor es descrito por el apóstol Pablo como "el Misterio de la piedad", haciendo eco de sus palabras en la epístola a los Colosenses:

> *El misterio* que había estado oculto desde los siglos y edades, pero que ahora ha sido manifestado a sus santos, a quienes Dios quiso dar a conocer las riquezas de la gloria de este misterio entre los gentiles; *que es Cristo en vosotros, la esperanza de gloria.*
>
> COLOSENSES 1.26-27 [énfasis añadido]

Primera de Timoteo 3.15-16 presenta a la Iglesia del Señor como la "columna" y "el baluarte de la verdad" (v. 15), es decir, como los portadores de la verdad de Dios. Este *misterio* es también el plan divino incorporado en Cristo, que antes estuvo escondido pero que ahora se ha revelado a todos aquellos que han creído en él. Por otra parte, la palabra traducida como "piedad" (v. 16) proviene del griego εὐσέβεια (transl. *eusebeia)* que significa "piedad, religión y santidad".[199]

Es probable que el texto de 1 Timoteo 3.16 sea algún himno de confesión ampliamente aceptado y cantado o recitado en la Iglesia Primitiva, ya que el apóstol lo señala de la siguiente manera: "confesadamente [traducción literal] grande es el misterio". Estos himnos estaban en uso[200] y eran parte de la

---

[199] James Strong, *Strong's Hebrew and Greek Dictionaries. Dictionaries of Hebrew and Greek Words taken from Strong's Exhaustive Concordance by James Strong,* S.T.D., LL.D., 1890. [Módulo e-Sword].

[200] Algunos ejemplos de himnos cristológicos en el Nuevo Testamento son Filipenses 2.5-11; Colosenses 1.15-20; 1 Timoteo 3.16; Hebreos 1.1-3 y 1 Pedro 2.21-25.

liturgia de la Iglesia Primitiva, como se observa en Efesios 5.19; Colosenses 3.16; 1 Corintios 14.26; Hechos 16.25 y Santiago 5.13.

Con respecto a la composición gramática de este himno primitivo, el Comentario Jamieson, Fausset y Brown señala lo siguiente:

> Las cláusulas están en paralelismo; cada dos cláusulas están unidas en un par, y forman una antítesis girando sobre la oposición del cielo a la tierra; el orden de esta antítesis está invertido en cada par de cláusulas nuevas: carne y Espíritu, ángeles y gentiles, mundo y gloria; y hay una correspondencia entre la primera cláusula y la última: manifestado en carne, recibido en gloria.[201]

El pasaje presenta una correspondencia entre la encarnación de Jesucristo y su exaltación: "Dios fue manifestado en carne… recibido arriba en gloria". Esto se observa en el siguiente quiasmo:[202]

A Dios fue manifestado en… (carne)
  B Justificado en el… (Espíritu)
    C Visto de los… (ángeles)
    C" Predicado a los… (gentiles)
  B" Creído en el… (mundo)
A" Recibido arriba en… (gloria)

---

[201] Robert Jamieson, A.R. Fausset y David Brown, *Comentario Exegético y Explicativo de la Biblia* (Casa Bautista de Publicaciones). [Módulo e-Sword].

[202] Quiasmo (del inglés *Chiasm)* es un patrón caracterizado por la repetición de ideas similares en una secuencia reversa con el fin de agregar énfasis a lo expresado. Este estilo de escritura aparece en muchos pasajes de la Biblia.

EXÉGESIS DE 1 TIMOTEO 3.16

"Dios ("Él, Quién, Cristo") fue manifestado en carne": Lo que es una clara referencia hacia su encarnación (1 Juan 4.2-3; 2 Juan 1.7; Hebreos 5.7; 1 Pedro 3.18; 1 Pedro 4.1).

"Justificado en el Espíritu": Jesucristo fue justificado debido a su obra vicaria y expiatoria. En la cruz del calvario él llevó los pecados de la humanidad y sufrió la muerte como pago por la culpa del hombre. La muerte no pudo retenerlo debido a su inocencia e impecabilidad. Él fue sin pecado y por lo tanto fue declarado Justo (1 Pedro 2.22; Hebreos 4.15; 1 Juan 2.1).

"Visto de los ángeles": De acuerdo a las Escrituras, Jesucristo fue visto por los ángeles en su nacimiento, en la aflicción del huerto de Getsemaní, en su resurrección y en su ascensión (Lucas 2.13-14; 22.43; 24.2-4; Hechos 1.9-10). Las huestes angelicales de Dios fueron testigos de la encarnación del Verbo durante toda su vida terrenal.

"Predicado a los gentiles": Jesucristo es el único medio de salvación para toda la humanidad, lo que la Biblia da en llamar "judíos y gentiles" (Mateo 12.21; 10.18; Lucas 2.32; Hechos 9.15; 11.1; 13.47; Efesios 3.6).

"Creído en el mundo": Dios entregó a su Hijo para que el mundo crea (Juan 3.16; 17.21). Esta frase es también una antítesis ya que el mundo yace en un estado de maldad completamente opuesto a la gloria de Cristo.

"Recibido arriba en gloria": Cuando el Señor Jesucristo resucitó y luego de haber estado con los discípulos por un tiempo aproximado de 40 días, Jesús fue levantado y exaltado en gloria subiendo por encima de todos los cielos para llenarlo todo (Efesios 4.9-10).

En su exaltación, el Señor Jesucristo presentó su sacrificio al Padre. De acuerdo a Hebreos 9.24, Jesucristo entró en el santuario celestial y se presentó delante del Padre en carácter de Sumo Sacerdote de los creyentes, presentándose al mismo tiempo como el sacrificio en favor de ellos. A su vez, el texto de Hebreos revela que Jesucristo está presente en el santuario celestial delante de Dios Padre, Juez y Soberano de los Cielos y la tierra, para interceder y abogar en favor de los creyentes por medio de su sacrificio perfecto y aceptable.

Otro elemento relevante de la ascensión y la exaltación de Jesucristo es el hecho de que Jesucristo *atravesó los cielos*, así como lo señala el libro de Hebreos:

> Por tanto, teniendo un gran sumo sacerdote que traspasó los cielos, Jesús el Hijo de Dios, retengamos nuestra profesión.
>
> HEBREOS 4.14

Jesucristo es designado por el escritor a los Hebreos como el *Gran Sumo Sacerdote* de los creyentes, en consideración con el contexto gramatical de la epístola. Este reconocimiento presenta sus orígenes en el judaísmo, en donde el Gran Sumo Sacerdote era llamado el *Cohen Gadol.* En este marco es importante considerar lo que la Palabra enseña y declara enfáticamente: Jesucristo atravesó los cielos en el momento de su ascensión (Hechos 1.9). El Señor atravesó los cielos, tanto visibles (la atmosfera terrestre) e invisibles o espirituales (ejemplo de ello es el "tercer cielo" al cual el apóstol Pablo fue arrebatado en visión)[203]. De acuerdo al Comentario Jamieson, Fausset y Brown:

> El primer cielo es el de las nubes, el aire; el segundo cielo es el de las estrellas, con sus constelaciones y galaxias; y el tercer cielo, es espiritual, en donde se encuentra el Trono de Dios y su Santuario, el Paraíso mismo.[204]

De esta manera, en su ascensión y exaltación, Jesucristo atravesó todos los cielos y se presentó delante de Dios como el Sumo Sacerdote de los creyentes introduciéndolos en este excelentísimo reposo y herencia de carácter celestial que hoy los hijos de Dios pueden gozar.

Finalmente, un detalle importante de su exaltación es el hecho de que Jesús, al ascender y atravesar los Cielos, *se sentó a la diestra del Padre*. Esta fue, sin lugar a dudas, la máxima exaltación que tuvo Jesucristo en dicho suceso. El Señor Jesús se sentó a la diestra de Dios en las alturas y recibió un nombre que es sobre todo nombre (Filipenses 2.9-11).

LAS DIGNIDADES DE CRISTO JESÚS LUEGO DE SU ASCENSIÓN Y EXALTACIÓN

El Antiguo Testamento establece tres tipos de mediadores entre Dios y su pueblo: *el profeta, el sacerdote y el rey*. Si bien

---

203 Ver 2 Corintios 12.1-4; compárese con Efesios 4.10 (donde se utiliza la el término "cielos" en plural).

204 Robert Jamieson, A.R. Fausset y David Brown, *Comentario Exegético y Explicativo de la Biblia* (Casa Bautista de Publicaciones). [Módulo e-Sword].

Jesucristo desarrolló todos estos oficios durante su vida terrenal, como parte de su ministerio celestial, Jesucristo continúa desarrollando dichos oficios para y por medio de su Iglesia. Él es, como establece 1 Timoteo 2.5, el mediador perfecto entre Dios y los hombres.

De esta manera, mediante su Iglesia, Jesús continúa siendo el Cristo-Profeta que ilumina las naciones con la luz de la predicación del Evangelio. Él es también el Cristo-Sacerdote que se ofreció en sacrificio por su pueblo y que, en su carácter de Sumo Sacerdote, intercede delante de Dios Padre en favor de ellos. Y, además, él es el Cristo-Rey, que gobierna sobre todas las naciones y que volverá al mundo para establecer visiblemente su reino en la tierra.

El Cristo ascendido continúa su ministerio profético por medio de la Iglesia, a la cual le ha prometido inspiración[205] e impartido el don de la profecía.[206] Esto no significa que los creyentes puedan añadir algo a las Sagradas Escrituras, que son la revelación de Dios "de una vez para siempre",[207] sino que por inspiración del Espíritu los creyentes pueden pronunciar mensajes de edificación, exhortación y consuelo para la Iglesia,[208] sustentados en la Palabra.

En cuanto a su segundo oficio, en el Calvario, Cristo el Sacerdote, se ofreció a sí mismo como sacrificio con el objeto de asegurar el perdón del hombre y la aceptación ante Dios. Jesucristo, el Sumo Sacerdote de su pueblo, en su tarea divina de mediador, presentó delante de Dios Padre su sangre, el sacrificio perfecto por los pecados de la humanidad, a fin de

---

205 Ver Juan 14.26; 16.13.

206 Ver 1 Corintios 12.10.

207 Ver Judas 3.

208 Ver 1 Corintios 14.3.

que la ira divina sea aplacada y la misericordia y el favor reposara sobre todos aquellos que han colocado su fe en él (ver Hebreos 7.21-27). Como señala Myer Pearlman:

> Aunque Cristo ofreció un sacrificio perfecto una vez por todas, su obra sacerdotal continúa todavía. Vive para presentar ante Dios los méritos y el poder de su obra expiatoria en bien de los pecadores. Cuando oramos en el nombre de Jesús, presentamos la obra expiatoria de Cristo como la base de nuestra aceptación, pues sólo así se nos asegura que somos aceptos en el amado (Efesios 1.6).[209]

Finalmente, Jesucristo es también el Rey eterno. El apóstol Pablo señala que Cristo Jesús, luego de su resurrección, ascensión y exaltación, se sentó a la diestra del trono de Dios, como Soberano y Rey sobre todos (Efesios 1.20-23). Y si bien encontramos diferentes interpretaciones con respecto a los detalles de su segunda venida, el elemento principal que debemos destacar es la de un Cristo triunfante, victorioso y que colma de esperanza a todos aquellos que creen en el poder redentor de su sangre.

Bajo su Reino, toda la humanidad quedará bajo el gobierno de Cristo, siendo el mal suprimido de la faz de la tierra cuando Satanás sea atado. En este período tendrá cumplimiento la profecía de Isaías y Habacuc, que señala que la tierra será llena del conocimiento de la gloria de Dios "como las aguas cubren

---

209 Myer Pearlman, *Teología Bíblica y Sistemática* (Editorial Vida, 1992), 121.

el mar".[210] Esta es la esperanza gloriosa y bienaventurada de los creyentes: el resucitar y reinar con Cristo.[211]

210 Ver Isaías 11.9; Habacuc 2.4.
211 Ver 2 Timoteo 2.12; Apocalipsis 5.10; 20.6.

EPÍLOGO DE LA OBRA

JESUCRISTO Y SU OBRA SON LOS TEMAS CENTRALES DE LAS ESCRIturas y el fundamento firme e inconmovible de la fe salvadora. Tanto pastores como maestros y educadores cristianos no pueden ni deben colocar en un plano secundario el Evangelio que se sustenta, lisa y llanamente, en la vida, la persona y la obra de Jesucristo en favor del hombre pecador. Así, es menester de los seguidores de Cristo no solo conocer la doctrina de Jesucristo, que comúnmente llamamos Cristología, sino también enseñarla y transmitirla a otros creyentes.

A modo de síntesis, considerando todo lo expuesto en este libro, podemos señalar que la Cristología se sostiene en cinco postulados esenciales que hablan de la identidad de Jesucristo. En este sentido, el Señor Jesucristo es:

El **Hijo de Dios** que se hizo hombre por amor a la humanidad, que vivió y sufrió todos los padecimientos y debilidades que el hombre puede enfrentar pero sin pecado.

El **Siervo Sufriente** que se entregó enmudecido a sus verdugos y murió en la cruz parar derramar su sangre como el sacrificio perfecto y acepto por amor a los suyos, cancelando allí el acta de los decretos que nos era contraria y que nos caratulaba como "transgresores" delante de Dios.

El **Mesías Victorioso** que venció sobre el pecado, la muerte, Satanás y todos los poderes de maldad en la cruz del Calvario. Él es el Cristo triunfante que se levantó de la tumba y que caminó con sus discípulos preparando así el nacimiento de la Iglesia en Pentecostés. Él es el Cristo victorioso que luego ascendió a los Cielos con gran poder, gloria y exaltación, para derramar su Espíritu sobre su Iglesia.

El **Sumo Sacerdote** mediador, intercesor y abogado de los creyentes, que vive para siempre delante del Padre para hablar en nuestro favor. Él es la Cabeza de la Iglesia y el Rey de reyes y Señor de señores que gobierna sobre todo.

El **Rey Triunfante** que regresará a esta tierra como así lo ha prometido para establecer su reino visible y gobernar las naciones. Él es también el Juez de vivos y muertos que llevará a cabo los planes eternos de Dios venciendo sobre Satanás y todos los principados y potestades de maldad, de una vez y para siempre, en el final de los tiempos. Él es el Cordero triunfante que adoraremos y serviremos por la eternidad.

Esta es la doctrina de Cristo que el creyente y ministro del Evangelio debe conocer, estudiar y predicar, esperando recibir del Señor su recompensa cuando el Hijo del Hombre regrese a la tierra.

Amén; sí, ven, Señor Jesús.

GUÍA DE ESTUDIO

En el campo de la filosofía como en muchas otras ciencias se ha comprobado que la pregunta posee un mayor poder reflexivo que la mera afirmación o conceptualización de ideas. En otras palabras, cuando nos hacemos preguntas entramos a un plano de reflexión y conciencia mucho más profundo y amplio que el que se produce al "simplemente" leer afirmaciones y conceptos. Jesucristo mismo utilizó este método de enseñanza en reiteradas oportunidades. Es que la pregunta crea nuevas realidades y nos plantea desafíos que nos hacen aprender.

Por ello, teniendo en cuenta la importancia del tema estudiado, nada más ni nada menos que la persona de Jesucristo, creo que es sumamente necesario que podamos tomar un tiempo para meditar en lo leído, hacernos preguntas y responderlas. Ahora bien, este estudio será mucho más fructífero si el mismo es llevado a cabo con otros compañeros de aprendizaje que harán de la experiencia mucho más productiva y relevante. Por ello te animo a que compartas esta experiencia con otros hermanos en la fe y aun con aquellos que todavía no han abrazado la fe en el Señor Jesucristo. Mi oración es que esta guía sea para ellos un catalizador que el Espíritu utilice para llevarlos a la fe salvadora.

Por eso te invito, querido lector, a que hagas uso de esta guía con mucha oración y que a través de la misma el Espíritu

Santo pueda producir un salto de conciencia en tu espíritu y mente, llevándote a la revelación del misterio que por siglos estuvo oculto pero que hoy se nos ha revelado: Jesucristo en nosotros (Colosenses 1.26-27). Tómate tu tiempo para leer esta obra y disfruta la experiencia de conocer y compartir con otros quién es Jesucristo.

CÓMO UTILIZAR ESTA GUÍA

La presente guía de estudio puede utilizarse de dos maneras:

1) Al terminar de leer un capítulo del libro "Conoce a Jesús: Hombre y Dios":

- Se emplea la guía para generar un espacio de discusión de ideas y opiniones con el grupo de estudio utilizando el cuestionario correspondiente.
- Se emplea la guía junto con el libro para revisar el material de estudio siguiendo las preguntas del capítulo.

2) Al terminar de leer todo el libro:

- Se emplea la guía para refrescar las ideas y principios aprendidos y tener un tiempo de reflexión personal y grupal.
- Se emplea la guía para medir el conocimiento del estudiante sobre los temas estudiados.

Si se está estudiando en grupos pequeños es recomendable que se designe un facilitador para la reunión a fin de que éste pueda moderar los tiempos de participación de cada persona y resguardar el marco de respeto, compañerismo y estudio compartido.

CAPÍTULO 1: INTRODUCCIÓN A LA CRISTOLOGÍA

1. Antes de iniciar la lectura de este libro, ¿cuál era la imagen que tenía de Jesús? ¿Quién es él para usted? ¿Cómo lo describiría?

2. ¿Qué entiende por "Cristología"? ¿Cuán importante considera que es para el creyente su estudio y aprendizaje? a) Muy importante, b) algo importante, c) no importante para nada. Explique.

3. ¿Por qué considera que a lo largo de la historia se hayan originado tantas controversias en el seno de la Iglesia respecto a este tema? ¿Cree que existen controversias cristológicas aún hoy? Explique.

4. ¿De qué manera cree se relaciona la Cristología con el resto de las doctrinas de la fe, especialmente las que encontramos enunciadas en Hebreos 6.1-2?

5. ¿Cuáles son los beneficios espirituales que tiene el conocimiento bíblico de Jesucristo para el creyente?

6. ¿Se puede conocer a Dios sin conocer a Jesús? Explique.

7. En este primer capítulo hemos afirmado que Jesucristo es el centro de la Biblia y el centro de la fe del creyente. También que él es el principio y el fin de las Escrituras. Por ello, en un plano personal y reflexivo, ¿cree usted que es lo mismo decir que "Jesús es lo primero en mi vida" que decir que "Jesús es el

centro de mi vida"? ¿Qué reflexión puede hacer al respecto? Luego de meditar en esto, ¿qué decisiones está siendo impulsado a tomar?

8. A la hora de acercarse a la Biblia y especialmente al Antiguo Testamento, ¿solía usted ver en él a Jesucristo o no lo consideraba aún presente? ¿Cómo cree usted que el reconocimiento de la realidad de Jesucristo a lo largo de toda la Biblia puede cambiar su manera de estudiarla e interpretarla?

9. Antes de comenzar la lectura de este libro, ¿qué grado de importancia le estaba dando a la lectura y estudio de la Biblia? ¿De qué manera solía acercarse a la misma? ¿Qué tipo de compromiso puede hoy declarar en cuanto a su relación con la Palabra y el conocimiento bíblico de Jesucristo? ¿Qué pasos de acción va a tomar?

10. De todo lo desarrollado en este primer capítulo, ¿qué ha sido nuevo, qué se ha aclarado y qué se ha refrescado en su mente y espíritu?

CAPÍTULO 2: JESUCRISTO, SUS NOMBRES Y TÍTULOS

1. Tanto Santiago, hermano de Jesús, como Pedro, Juan y Judas se refirieron casi exclusivamente al Señor como "Jesucristo" (unión del nombre "Jesús" y el título "Cristo"). Por su parte el apóstol Pablo a menudo solía dirigirse al Señor como "Cristo Jesús". Esta diferencia se origina en el tipo de progresión que estos hombres tuvieron en su experiencia con el Hijo de Dios. En su caso, ¿cómo ha sido su experiencia y conocimiento del Señor? ¿Cómo suele llamarle y por qué?

2. Como hemos aprendido las palabras griegas *egó eimí* son una expresión que empleó Jesús para revelar su divinidad, específicamente, su inmutabilidad, eternidad y relación con el resto de las personas de la Santísima Trinidad. Los títulos "Alfa y Omega", "Principio y Fin" y "Primero y Último" que el apóstol Juan le suscribe corroboran este atributo. ¿Qué le genera saber que Jesucristo es eterno y que nunca cambia? ¿Cómo impacta esta en su vida esta afirmación bíblica?

3. Dado que los nombres de Jesús nos revelan aspectos importantes de su ser mientras que sus títulos nos demuestran diferentes características de su obra, considerando esta distinción y reflexionando en su vida espiritual, hoy por hoy, ¿le importa más conocer quién es Jesús o conocer qué puede hacer él por usted? Por favor desarrolle su respuesta.

4. En la experiencia de salvación, de acuerdo a Romanos 10.9 y Filipenses 2.11, ¿cree usted que el pecador arrepentido debe primero confesar a Jesús como Salvador para luego abrazar su

señorío o debería primero confesarlo como Señor para luego conocerlo como Salvador? Por favor explique.

5. La imagen de Jesús que suscita el título "Cordero Inmolado" es la del Siervo Sufriente de Isaías 53. ¿Qué sentimientos despierta en usted recordar la muerte de Jesús en la cruz en su lugar? ¿Qué se siente motivado a hacer luego de reconocer el sacrificio que Jesucristo llevó a cabo por usted?

6. Jesucristo es también el "postrer Adán" de acuerdo a 1 Corintios 15, el "espíritu vivificante" que resucita al hombre natural para que éste pueda tener acceso a la misma presencia de Dios. ¿Qué le puede estar impidiendo a usted experimentar esta realidad espiritual hoy?

7. En este capítulo hemos aprendido que Jesucristo es el autor de la vida del creyente, dado que de él también procede la salvación y la fe que éste necesita para alcanzarla. Aún más, él es quien perfecciona la salvación en el creyente, al guiarlo y direccionarlo en la vida. Reflexionando en este punto, ¿cuántas de sus decisiones han sido guiadas por Jesús últimamente? ¿Cómo siente que Jesús lo está guiando y direccionando hoy?

8. El título "Hijo de Dios" denota la naturaleza divina de Jesucristo mientras que "Hijo del Hombre" denota su naturaleza humana. Mediante este último título el Señor expresó su identificación y solidaridad con los sentimientos y padecimientos de la humanidad. ¿Cómo se siente al conocer que Jesús se identifica con cualquier situación que usted pueda estar atravesando en este momento? Por favor tenga un tiempo de oración y reflexión personal.

9. Dado que Jesús es el Mesías o Cristo exclusivamente por la acción de Dios, la oposición del hombre a esta afirmación no afecta en nada su realidad. Él es Rey con o sin el consentimiento del hombre (Filipenses 2.9-11). Teniendo en cuenta esto, ¿cómo le compartiría el Evangelio a un ateo, agnóstico o a cualquier otra persona que niegue que Jesús es el Cristo?

10. Finalmente, ¿de qué manera le ha impactado el conocimiento de los nombres y títulos de Jesucristo? ¿Cómo ha afectado esto su manera de orar y dirigirse al Señor? ¿De qué manera está presentando al Señor a los que aún no le conocen?

CAPÍTULO 3: DIVINIDAD DE JESUCRISTO

1. El credo de San Atanasio enuncia que la coexistencia de dos naturalezas en Jesucristo, humana y divina, debe ser entendido y creído como una unidad sin confusión de sustancia. Por ello Cristo es una persona y no dos, no porque su divinidad se haya convertido en carne sino por el ascenso al plano divino de su humanidad. Teniendo en cuenta esto, le pido que piense en su vida. El apóstol Pablo enseña que los creyentes debemos revestirnos de la nueva naturaleza que hemos recibido al creer en Jesucristo, luego de experimentar lo que la Biblia llama el nuevo nacimiento (ver Efesios 4.17-24). ¿Qué características de su nueva naturaleza puede observar en su vida y qué rastros de su antigua naturaleza debe hoy rendir al Espíritu Santo?

2. Desde temprana edad Jesús demostró tener conocimiento de su naturaleza divina. Él conocía su identidad y misión en la vida (Lucas 2.49). ¿Conoce usted su identidad en Cristo? ¿Cuál es el propósito que Dios tiene con su vida?

3. La naturaleza e identidad divina de Cristo Jesús fue atacada tanto por Satanás como por los líderes religiosos de su tiempo. Aún hoy el enemigo continúa batallando contra el creyente para que éste dude, desconozca o ignore su identidad en Cristo. ¿Cuáles son algunas de las tácticas que el diablo y el mundo han empleado en su contra para menoscabar su posición e identidad espiritual?

4. La relación que Jesucristo tuvo con el Padre y que aún hoy mantiene en los Cielos se caracteriza por una profunda

comunión, un fuerte conocimiento mutuo, una continua comunicación y una gran intimidad. Teniendo en cuenta esto, ¿cómo describiría su relación con Dios?

5. Al leer sobre la autoridad de Jesucristo como signo característico de su divinidad, autoridad que demostró tanto con sus hechos como con sus palabras, ¿cómo piensa manifestar la autoridad y el poder de Jesucristo en su vida de aquí en adelante?

6. Sin lugar a dudas uno de los testimonios más poderosos de la divinidad de Cristo Jesús fue su absoluta perfección y santidad. Si bien Jesús no conoció pecado, no cometió pecado, no nació en o con pecado y nunca el pecado se enseñoreó de él, sí fue tentado en todo pero sin pecar. El Señor sometió en todo momento su voluntad humana a la divina para poder así vencer toda prueba y tentación. Siguiendo el ejemplo de Jesús, ¿cómo puede el creyente salir airoso de la prueba y vencer la tentación?

7. La predicación de los apóstoles y la Iglesia Primitiva se centró en la afirmación de la divinidad de Jesús. Su mensaje era que los hombres debían acercarse a él arrepentidos a fin de recibir de su mano salvación y perdón de pecados al reconocerlo como Dios y Señor de sus vidas. ¿Cree usted que la predicación de la Iglesia actual ha cambiado? Si es así, ¿de qué modo y qué podemos hacer al respecto?

8. La divinidad de Jesucristo encuentra relación directa con su señorío. ¿Qué significa para usted que Jesús es Señor? ¿Qué evidencias del señorío de Cristo encuentra en su propia vida?

9. Los cristianos del primer siglo decidieron ser perseguidos y morir como mártires antes que desplazar el señorío de Cristo de sus vidas. ¿Puede usted identificar otros "señores" que están buscando desplazar a Jesús del centro de su vida? ¿Cuáles son? ¿Puede hoy volver a enunciar su compromiso con el señorío de Cristo?

10. De los seis atributos divinos de Jesucristo que hemos analizado en este capítulo, ¿cuál de ellos le fue más revelador? ¿Por qué?

CAPÍTULO 4: HUMANIDAD DE JESUCRISTO

1. Entendiendo la referencia "Hijo del Hombre" como una manera de significar la relación y participación que el Hijo de Dios tiene con la humanidad, ya en un plano personal, ¿de qué manera siente que Jesucristo se ha relacionado y relaciona con usted?

2. La doctrina de la encarnación de Jesucristo es uno de los ejes más importantes de la Cristología. Su negación no solo ataca la divinidad de Jesucristo sino también todo aspecto milagroso del cristianismo. De lo estudiado en este capítulo, ¿qué pruebas utilizaría usted para defenderla y enseñarla a otras personas?

3. El Verbo de Dios tomó forma de hombre para salvar a los pecadores mediante su muerte en la cruz. Él vino a reconciliar al hombre con Dios. ¿Qué emociones se despiertan en usted al reconocer esto?

4. La humanidad de Jesucristo nos permite comprender el plan de Dios para la humanidad: salvar, reconciliar y restaurar consigo al hombre. El Hijo nos ha revelado no solo las intenciones del Padre sino también su carácter. ¿Cómo el conocimiento de la humanidad y la obra de Jesús transforman su manera de comprender y relacionarse con su Padre celestial?

5. En Cristo Jesús los creyentes hemos recibido la glorificación de nuestra naturaleza humana caída. Esto nos permite acercarnos confiadamente al trono de Dios. ¿Cómo está usted

observando el proceso de glorificación y santificación que el Espíritu de Dios está realizando en su vida?

6. Considerando las cinco ofrendas mayores del libro de Levítico, ¿de qué manera el sacrificio expiatorio de Jesucristo en la cruz cumplió con todas y cada una de estas leyes y disposiciones de la Ley?

7. La muerte de Jesucristo en la cruz fue un acto de justicia y obediencia activa y representativa. Él murió en nuestro lugar a fin de que su justicia sea ahora, mediante la fe, nuestra justicia. Considerando esto, ¿cómo se siente usted delante de Dios en términos de justicia y relación?

8. Como nuestro Sumo Sacerdote en los Cielos y por su propia humanidad Jesucristo entiende completamente las dificultades que los creyentes atravesamos en este mundo caído. ¿Qué crisis, problemas o dificultades quiere hoy traer a él en oración?

9. Reconociendo que Jesús es nuestro modelo a seguir en cuanto a carácter y conducta, ¿cuál es la brecha que usted identifica entre su carácter y el carácter del Señor demostrado en las Escrituras? ¿Y en cuánto a su conducta? ¿Cómo piensa trabajar esta brecha y qué rasgos de la personalidad de Jesús desea imitar?

10. Los griegos creían en dioses apáticos e insensibles a la angustia humana. La humanidad de Jesucristo nos revela lo contrario. Dios es sensible a las necesidades y aflicciones de los hombres. ¿De qué manera le impactó el aprender en este capítulo que la humanidad de Jesucristo es completa, es decir,

que él tiene espíritu, alma y cuerpo como todo otro ser humano?

CAPÍTULO 5: MUERTE Y RESURRECCIÓN DE JESUCRISTO

1. En 1 Corintios 15.1-4 el apóstol Pablo señala que la palabra de la muerte, sepultura y resurrección de Jesucristo es el Evangelio. ¿Conoce usted este Evangelio? ¿Ha creído en él? ¿Encuentra alguna diferencia entre la predicación de la iglesia evangélica actual y la predicación de Pablo? Explique.

2. ¿Qué significa que la muerte de Jesucristo en la cruz haya sido una muerte expiatoria? ¿Qué genera en usted el conocer su importancia y alcance?

3. Al estudiar en este capítulo tanto el significado etimológico como conceptual y gramatical de la palabra "expiación", ¿qué definición personal puede dar de la misma? ¿De qué manera la expiación de Jesucristo afectó para siempre su relación con el pecado y con Dios?

4. Los cuatro Evangelios detallan los padecimientos que sufrió Jesús en su camino a la cruz. El libro de Hebreos declara que mediante dichos padecimientos y sufrimientos Jesús aprendió obediencia. ¿De qué manera Jesús y su forma de relacionarse con el dolor, la prueba y el sufrimiento transforman su manera de observar y vivir dichas experiencias?

5. Tanto el pecado como la culpa que éste produce son considerados por los judíos como una carga o peso que reposa sobre el pecador. La muerte sustitutiva de Jesucristo en la cruz nos ha librado de dicho peso. ¿Se siente usted libre del pecado y sus culpas o está llevando alguna carga que debería hoy

soltar? Jesús murió llevando sus cargas para que usted pueda hoy vivir llevando su yugo, esto es, su precioso Evangelio.

6. En Hebreos 2.14 se enuncia que la muerte y posterior sepultura de Jesucristo fue su victoria sobre la muerte y la destrucción definitiva del poder que el diablo tenía sobre ella. Esta victoria tuvo su clímax con la resurrección del Señor. Considerando esto, ¿cuál es la mirada que los incrédulos tienen sobre la muerte? ¿Cómo la observan los creyentes?

7. ¿Cuáles son las implicancias de la muerte de Cristo Jesús en la cruz? Explique cada una de ellas.

8. ¿Por qué considera que la resurrección de Jesucristo es tan importante y trascendental para la fe cristiana? ¿De qué manera la misma impacta en su propia vida?

9. ¿Cuáles son algunas de las evidencias de la resurrección presentadas en este capítulo? ¿Cuáles son algunas de las hipótesis suscitadas a lo largo de la historia que han tratado de menoscabar la autenticidad de la resurrección de Cristo Jesús? Amplíe la investigación.

10. ¿Qué características presentaba el cuerpo glorificado del Señor Jesucristo luego de su resurrección? De acuerdo a 1 Corintios 15, ¿qué relación tiene la resurrección de Cristo con la futura resurrección de los santos?

CAPÍTULO 6:
ASCENSIÓN Y EXALTACIÓN DE JESUCRISTO

1. ¿Qué relación tienen la ascensión y la exaltación de Jesucristo con otros sucesos de su vida y obra en favor de los creyentes? Explique.

2. De las referencias bíblicas presentadas en este capítulo para afirmar la trascendencia de la ascensión de Cristo para la fe del creyente, ¿cuál le pareció más reveladora y por qué?

3. La Biblia enseña que Jesucristo, al ascender a los Cielos y ser exaltado por la diestra de Dios, recibió del Padre la promesa del Espíritu Santo a quién luego derramó sobre su Iglesia en el día de Pentecostés. Esto llevó a los creyentes a manifestar públicamente el Evangelio con señales, prodigios y milagros. ¿Ha experimentado usted la realidad del Espíritu Santo en su vida? ¿De qué manera? ¿Cómo afecta esta realidad sus deseos e impulsos de compartir el Evangelio con otros?

4. A su juicio, ¿está la Iglesia actual manifestando al mundo un Cristo ascendido y exaltado? ¿Qué tipo de Jesús piensa usted estamos predicando? ¿Un Jesús "de arriba" o un Jesús "de abajo"? ¿De qué manera podríamos los creyentes alcanzar la mesura en nuestra predicación del Evangelio?

5. De las seis posiciones de Cristo Jesús en los Cielos que hemos estudiado en este capítulo, ¿cuál es la que más lo atravesó? ¿De qué manera el Cristo celestial y exaltado se relaciona con Usted?

6. ¿Qué relación mantiene el Cristo soberano con su Iglesia? Considerando esto último, ¿cómo está observando usted la Iglesia del Señor y cómo se está relacionando con la misma?

7. El Cristo ascendido está llevando adelante su ministerio celestial en favor de los creyentes. En este sentido, él es nuestro intercesor, mediador, Sumo Sacerdote y abogado. ¿Qué produce en usted el saber que Jesucristo está realizando esta tarea en su favor?

8. Como hemos estudiado en este capítulo, la ascensión de Cristo Jesús a los Cielos tiene estrecha relación con la esperanza de su segunda venida. Al considerar esto, ¿qué rasgos distintivos tendrá su regreso a esta tierra?

9. La exaltación que recibió Jesucristo al ascender a los Cielos tiene dos elementos principales: la gloria que el Señor recibió del Padre y la acción que provocó dicha exaltación. Entendemos que fue su humillación y obediencia al morir en la cruz lo que provocó que el Padre lo exaltara. En 1 Pedro 5.6, salvando las distancias, encontramos este mismo principio: la humillación precede a la exaltación. ¿Se considera usted una persona humilde y obediente a Dios? ¿Cómo se evidencia la humillación en su estilo de vida?

10. Al finalizar el capítulo y considerar las dignidades que Jesucristo está ejerciendo en la actualidad para su Iglesia y por medio de ella, ¿cómo es su relación con Cristo al reconocer en el Señor el desarrollo de sus tres oficios: Profeta, Sacerdote y Rey? ¿De qué manera puede profundizar dicha relación?

¿Cómo está aguardando el regreso del Rey Jesucristo? Tómese un tiempo de reflexión y oración.

Made in the USA
Monee, IL
23 May 2020